Tonke Dragt, 1930 in Batavia, dem heutigen Djakarta, geboren, studierte zunächst Kunst, um Zeichenlehrerin zu werden. 1961 erschien ihr erstes Jugendbuch, ›Der Goldschmied und der Dieb‹. Seitdem sind viele spannende Zukunfts- und Abenteuerromane von ihr erschienen, mit denen sie weit über die Niederlande hinaus bekannt wurde. Das Spiel mit Raum und Zeit, die Aufhebung von traditionellen literarischen Strukturen und die Aufforderung zu neuen Wahrnehmungen machen das Phantastische und Phantasieanregende ihrer Bücher für jugendliche Leser aus. Über ihre Arbeit schreibt Tonke Dragt:
»Ich erzähle gern Geschichten *(In Wort und Bild).* Kinder lieben Geschichten (ebenso wie ich). Meine Bücher sind jedoch so geschrieben (hoffe ich!), daß auch Erwachsene sie mit Verständnis aufnehmen können... Kinderbücher sollen und müssen Bilder haben. Aber ich bin nicht dafür, Kinder in eine ›bestimmte Schublade‹ zu stecken. Zu allererst sind sie Menschen. Deshalb findet man auf meinen Büchern auch keine Empfehlung für ein bestimmtes Lesealter – außer bei Büchern für jüngere Kinder, die die Kunst des Lesens noch nicht ganz beherrschen. Laßt die Jugendlichen selbst entscheiden, welche sie lesen wollen (oder nicht).«
1976 erhielt Tonke Dragt den Niederländischen Staatspreis für Kinder- und Jugendliteratur.
In der Fischer Schatzinsel ist von ihr außerdem ›Turmhoch und meilenweit‹ (Band 80233) erschienen.

Unsere Adresse im Internet: www.fischer-tb.de

Das Geheimnis des Uhrmachers. Der Traum ist alt: Einmal eine Maschine konstruieren, mit der man in die Zeit reisen kann. Nach vorne, nach hinten und zurück. Dem Uhrmacher ist diese Erfindung gelungen. Er hat sie bislang geheimhalten können. Nur sein Untermieter, der Student der Geschichte, weiß von dem Wunderwerk. In einem unbewachten Moment schleicht er sich in die Werkstatt, um die Zeitmaschine auszuprobieren. Gerne hätte er gewußt, wie das morgige Prüfungsthema lautet. Doch im Morgen wird er von seinem Professor gesehen, zur Prüfung gebeten – und fällt durch. Denn das Heute wäre ja erst morgen, und deswegen ist er unvorbereitet. Ihm gelingt die Rückreise. Doch ist es möglich, eine Prüfung noch einmal zu machen, durch die man in einer anderen Zeit durchgefallen ist?

»Damit beginnen seltsame Verwicklungen, die den Leser mit einer Fülle von Fragen und Überlegungen beschäftigen. Geistreiche Gedankenspielereien und humorvolle Spitzfindigkeiten beziehen ihn ebenso in die Handlung ein, wie die Illustrationen. Zum Beispiel machen Seiten mit weißer Schrift auf schwarzem Grund die plötzliche Dunkelheit in der Zeitmaschine deutlich, als durch die Überbelastung beim Blick in die Zukunft alle Sicherungen durchgebrannt sind. – Dieses amüsante Buch unterhält nicht nur glänzend, sondern regt an, die Spekulationen über die Zeit, über Vergangenheit und Zukunft weiterzudenken.«

Karl Pörnbacher in *Süddeutsche Zeitung*

Tonke Dragt

Das Geheimnis des Uhrmachers

Mit Bildern der Autorin
Aus dem Niederländischen
von Liesel Linn

Fischer Taschenbuch Verlag

Fischer Schatzinsel
Herausgegeben von Markus Niesen

4. Auflage: Februar 2000

Veröffentlicht im Fischer Taschenbuch Verlag GmbH,
Frankfurt am Main, Januar 1997
Lizenzausgabe mit freundlicher Genehmigung
des Verlag Freies Geistesleben, Stuttgart
Die niederländische Originalausgabe erschien 1989 unter dem Titel
›Het geheim von de klokkemaker‹ im Verlag Leopold, Amsterdam
Text und Illustrationen
© Tonke Dragt 1989
Für die deutsche Ausgabe:
© Verlag Freies Geistesleben GmbH, Stuttgart 1992
Gesamtherstellung: Clausen & Bosse, Leck
Printed in Germany
ISBN 3-596-80223-7

Für Liesbeth

Inhalt

Vorwort
Seite 11

Vorspiel
Seite 15

Teil 1   *Teil 2*
Die Zeit wird   Die Zeit wird
es lehren   es *dich* lehren

I – Seite 23 – Eins
II – Seite 31 – Zwei
III – Seite 36 – Drei
IV – Seite 43

Zwischenspiel
Seite 49

Seite 57 – Vier
Seite 63 – Fünf
Seite 80 – Sechs
Seite 90 – Sieben
Seite 103 – Acht
Seite 113 – Neun

Nachspiel
Seite 123

Vorwort

Zugunsten meines zweiteiligen Manuskriptes, *Zeit wie Sand am Meer* genannt*, welches ich zur Zeit schreibe, hat man mir erlaubt, sämtliche Schriften zu Rate zu ziehen, die sich in der Bibliothek, dem Sekretariat, dem Raum der Mitte, dem Raum für Reisende (einschließlich Raum-Reisende) und in den Archiven der Januarischen Botschaft befinden, wo man über Zeit wie Sand am Meer verfügt – unter anderem deshalb, weil alle Uhren ihrer Zeiger beraubt sind.**

Im großen Schreibtisch der Januarischen Bibliothek liegt in einer der Schubladen ein Aktenordner, der folgendes enthält:
A: Viele Papiere; eine Anzahl davon beschrieben (handschriftlich oder mit Maschinenschrift), andere beklebt oder mit Zeichnungen versehen. Ein Teil davon ist gebündelt; später mehr darüber.
B: Eine Reihe von Formularen, meist Antragsformulare, die größtenteils nicht oder nur unvollständig ausgefüllt sind; einige sind nicht nur auf der Rückseite, sondern auch auf der Vorderseite mit allen möglichen Kritzeleien versehen. Zwei davon sind ausgefüllt, und zwar überwiegend mit

---

* Erstes Buch: *Auf der Anderen Seite der Tür*. Zweites Buch: *Der Weg in die Zelle*.
** Ohne Zeiger betrifft selbstverständlich die *Analog*-Uhren; auf die digitalen kann ich in diesem engen Rahmen nicht eingehen.

Plus- und Minuszeichen, mit Kratzern und Kringeln, Nullen und Spiralen, und mit auffallend vielen A's.
C: Adressierte und (fast immer) frankierte Briefumschläge mit und ohne Inhalt (das heißt, *un*vollständige Korrespondenz).

Diese Akte steckt in einer *Mappe*, auf deren Etikett folgendes steht:

(mit Tinte) J.A. Betr. Antrag auf Gewährung von Asyl.
Nota Bene: *Der Weg in die Zelle*
unterzeichnet von Ps. Simak, Sekretär
(mit Bleistift) *mit guten Vorsätzen gepflastert*
unterzeichnet von (unlesbar), Bibliothekar

Der Weg in die Zelle scheint der Titel eines Bündels von Papieren zu sein, die mit Kordel und Büroklammern aneinander geheftet waren. (Nach Durchsicht von mir – ordentlicher – wieder zusammengefügt.) Hierbei fand ich:
1. (zu meiner Überraschung) eine Kopie der von mir geschriebenen Erzählung *Die Zeit wird es lehren*. (Ausgabe Wolters/Noordhoff in De Trapeze, Teil 8, 1967.)
2. ein graues Schulheft, in dem sich eine handgeschriebene, anonyme Geschichte befand, mit dem Titel: *Das Geheimnis des Uhrmachers* oder *Die Zeit wird es lehren*, das einige unerwartete, jedoch willkommene Ergänzungen zu meiner unter Nr. 1 erwähnten Erzählung enthielt.
3. ein Bericht, teils getippt, teils handgeschrieben, (in einer anderen Handschrift als die von Nr. 2, mit dem Titel: *Die Zeit wird es dich lehren* und dem Untertitel: *Die Wahrheit über den Studenten und den Uhrmacher*, von J.A.
4. ein Zeitungsausschnitt aus dem Niederländischen Handelsblatt (wahrscheinlich aus der zweiten Hälfte der achtzi-

ger Jahre); Titel und Thema: *Asylon*, von H. F. J. Horstmanshoff, Rotterdam.
5. andere Zeitungsausschnitte, zum großen Teil Fotos, sowohl komplette als auch fragmentarische (sogar zerrissene). Hierbei befinden sich viele Bilder von Uhren und Zifferblättern (mit und ohne Zeiger); auch ein Blatt mit Verkehrszeichen und dem Vermerk: von *Overweg & Tuinstra*.
6, 7, 8, 9, ...*stopp*! In dem Bündel befinden sich noch viel mehr Items, aber deren Themen sind in *diesem* Zusammenhang von geringem Interesse.*

Ich fand in den obengenannten Papieren eine Menge wissenswerter Informationen, zugleich auch sehr viel Stoff für *Zeit wie Sand am Meer*. Und... beim Ordnen dieses Materials entdeckte ich, daß zwei Kapitel, die auf dem erwähnten Aktenmaterial fußen, zusammengefügt eine komplette Erzählung bilden**, die auch unabhängig vom Ganzen gelesen werden kann. Da die Fertigstellung von *Zeit wie Sand am Meer* sicher noch einige Zeit in Anspruch nehmen wird, scheint es mir sinnvoll, diese Geschichte schon vorab zu veröffentlichen.

Tonke Dragt

Mit Dank an den Bibliothekar, den Sekretär und den Archivar, und auch an Otto, Klärchen und Christian (das Galgenkind), *J. A., A. E., E. A.*

---

* In den beiden Büchern von *Zeit wie Sand am Meer* demnächst mehr hierüber.
** Aus jedem der beiden Bücher ein Kapitel.

Bitte
Ruhe

Vorspiel

In einer Bibliothek auf der Anderen Seite der Tür

»Ich war zuerst hier«, sagte Christian, »und jetzt habe ich noch immer kein Buch.«
»Das ist nicht wahr, du hast wohl eins! Sogar eins von unseren schönsten Exemplaren«, sagte der Bibliothekar.
»Ach, das hier! Aber das darf ich nicht mit nach Hause nehmen.«
»Nach Hause?« sagte Otto. »Du wohnst doch hier!«
»Was man so wohnen nennt«, entgegnete Christian. Er sah den Bibliothekar vorwurfsvoll an.
»Sie haben selbst gesagt, daß dieses Buch in der Bibliothek bleiben muß.«
»So wünscht es der Botschafter.«
Du liebe Zeit, dachte Otto. Es handelt sich bestimmt um dieses ABC-Buch.
Bevor er jedoch eine Bemerkung dazu machen konnte, sagte Klärchen: »Wir dürfen doch so viele Bücher ausleihen, wie wir wollen.«
»*Lesen* soviel ihr wollt, nicht leihen«, verbesserte der Bibliothekar.
»Ich möchte noch ein Buch haben«, sagte Christian. »Geliehen, damit ich es mitnehmen kann, wohin ich will.«
»Bestimmt nicht zum Lesen«, sagte Otto.
Christian warf ihm einen wütenden Blick zu. »Auch zum Lesen!«
»Du kannst ja nicht mal...« begann Otto.

Er brachte den Satz nicht zu Ende, denn aus einem Winkel der großen Bibliothek klang unerwartet eine Stimme: »Ich dachte, daß hier irgendwo ein Schild hängt: *Ruhe bitte!*«
Otto war der einzige von den drei Kindern, der sich erschreckte. Aus einem der riesigen Ledersessel mit ihren hohen Rückenlehnen hatte sich jemand erhoben. Da stand er nun: groß, mager und blaß, aber eindrucksvoll. Es war der Mann, der sich kurz zuvor spöttisch als Herr A vorgestellt hatte... A wie Anonym, A wie Asylsuchender, A wie... ganz sicher nicht wie Angenehm.
Was hatte er hier zu suchen, der Eindringling!
»Aha! Ich bitte um Entschuldigung, daß ich Sie nicht bemerkt habe«, sagte der Bibliothekar liebenswürdig. »Ja, wo hängt das Schild auch wieder?«
»Da drüben«, zeigte Klärchen. »Neben der Uhr.« Sie ging darauf zu; Christian und der Bibliothekar folgten ihr.
»Ruhe...« las der Bibliothekar, die Augen dicht vor dem kleinen Schild. »Wo habe ich meine Brille...«
»R..u..h..e....b..i..t..t..e« buchstabierte Christian langsam.
Zu Ottos Erstaunen lachte Herr A Christian freundlich zu. Kannten sich die beiden vielleicht? Aus irgendeinem Grund gefiel Otto das nicht.
»Solch ein Schild scheint in jeder Bibliothek zu hängen«, sagte der Bibliothekar. »Deshalb waren wir der Ansicht, daß auch eins hier sein müsse. Aber es braucht nur dann still zu sein, wenn Sie oder ich oder wir es wünschen. Und manchmal paßt es uns eben nicht.«
»Ach, *so* ist das«, sagte Herr A. Er klopfte mit dem Kugelschreiber, den er in der Hand hielt, gegen seine Zähne. In der anderen Hand hielt er einen Stoß Papiere.
»Von mir aus. Aber... wie helfen Sie denn den Leuten, die zum Beispiel hierher kommen, um zu studieren?«

»Auch das ist möglich, junger Mann, auch das ist möglich, Herr A«, sagte der Bibliothekar munter. »Während bestimmter Zeiten wird hier nämlich auf Ruhe geachtet.«
»Aha!« sagte Herr A grinsend. »Da handelt es sich wohl um feststehende Termine, Herr Bibliothekar?«
»Alle Termine, die Sie sich nur wünschen können«, erwiderte der Bibliothekar, der sich nicht aus der Ruhe bringen ließ.
»Besten Dank«, sagte Herr A. Er zeigte auf die Uhr, die keine Zeiger besaß. »Sehr aufschlußreich. Ruhe bitte – die Zeit wird mich lehren, wann.« Er verneigte sich flüchtig – »Guten Abend zusammen«, wandte sich um und ging hinaus.
Den sind wir glücklicherweise los, dachte Otto. Er wollte etwas über zeigerlose Uhren sagen, aber der Bibliothekar kam ihm zuvor:
»Die Zeit wird es lehren! Das erinnert mich an etwas. Ich habe ein nettes Buch für dich, Christian. Es ist zwar ein ziemlich dünnes Buch, aber...«
»Dicke Bücher mag ich nicht«, sagte Christian. Er warf einen kurzen Blick auf Otto. »Jedenfalls nicht *alle* dicken Bücher.«
Der Bibliothekar nahm ein Buch aus einem der Regale neben der Standuhr. Es war tatsächlich sehr dünn. Es sah eher aus wie eine Kladde, grau, mit einem weißen Etikett. Er zeigte es den Kindern. Auf dem Etikett stand, in altertümlichen, handgeschriebenen Buchstaben:
Der Bibliothekar las es laut vor.
»*Das Geheimnis des Uhrmachers?*« wiederholte Otto leise. »Diese Geschichte kenne ich! Wie... wie heißt das Buch? *Auf der Anderen Seite der Tür?*«
»Nein, hier steht doch, wie es heißt«, sagte Klärchen katzig.

»*Die Zeit wird es lehren*, oder...«
»Ich habe... ich *hatte* einmal ein Buch«, sagte Otto ein wenig atemlos, »da stand auch *Das Geheimnis des Uhrmachers* drin. Aber es sind Seiten herausgerissen, und der Titel ist auch weg. Es standen noch mehr Geschichten darin, diese hier war...«
»Dies ist nur eine einzige Geschichte«, unterbrach ihn der Bibliothekar. »Mit zwei verschiedenen Titeln. Eigentlich ist es gar kein Buch, sondern ein Manuskript.«
»Was ist das denn?« fragte Christian.
»Eine Handschrift«, erwiderte Otto.
»Quatsch doch nicht dauernd dazwischen«, sagte Klärchen.
»Sei nicht so zickig«, rief Otto empört. »Wir sind hier nicht in der Schule!«
»Ruhe bitte«, sagte der Bibliothekar. Er ging zum Tisch, setzte sich und legte die Kladde vor sich hin. Die Kinder umringten ihn.
»Darf ich... dürfen wir es uns ansehen?« flüsterte Otto.
»Erst ich, ich leihe es mir aus«, sagte Christian.
»Alle zusammen geht doch auch«, meinte der Bibliothekar. Gemächlich schlug er das Heft auf; zuerst die Titelseite mit den beiden Titeln, aber ohne den Namen des Verfassers. Dann die erste Seite der eigentlichen Geschichte...

Otto rief atemlos: »Ja, das ist sie – sie fängt genauso an wie die Geschichte in meinem Buch!«
»Was für blöde Buchstaben«, sagte Christian.
»Das ist Handschrift. Die kannst du doch nicht lesen«, sagte Otto.
»Ich kann *wohl* lesen!« rief Christian wütend.
»Ruhe bitte«, befahl der Bibliothekar. »Bei näherer Betrachtung leihe ich dieses Manuskript doch nicht aus. Weil es eine Kladde ist und kein Buch... Ruhe!« wiederholte er. »Aber ich bin bereit, es vorzulesen.«
»Ach ja bitte«, sagte Otto leise.
»Aber du kennst es doch schon, Otto?«
»Ja. Ich glaube wenigstens. Aber gerade darum...«
»Schön«, sagte der Bibliothekar. »Fandest du es denn so spannend?«
Otto überlegte erst, was er antworten sollte. »Also, nicht direkt...« – aber der Bibliothekar sprach inzwischen schon weiter:
»Weißt du, ich habe das nämlich selbst geschrieben!«
»Sie haben das geschrieben? Es fing sehr spannend an«, sagte Otto, »aber...«
»Sag es ehrlich, mein Junge.«
»Der Schluß ist... er war anders, als ich erwartet hatte.«
»Der Schluß kann nicht anders sein, als er nun einmal ist. Denn diese Geschichte ist wirklich passiert.«
»Wirklich passiert?« wiederholte Otto. »Wissen Sie denn auch etwas über...«
Der Bibliothekar ließ ihn nicht aussprechen. »Diese Geschichte ist einmal veröffentlicht worden – ich meine gedruckt, Christian –, und zwar in einem Buch, zusammen mit einigen anderen Erzählungen von verschiedenen Schriftstellern.«

»Und wie heißt das Buch?«
»Das weiß ich nicht«, antwortete der Bibliothekar. »Es fällt mir wirklich nicht mehr ein. Also, soll ich euch diese Geschichte nun vorlesen, ja oder nein?«
»Ja, natürlich«, sagten Klärchen und Christian.
Der Bibliothekar zwinkerte Otto zu, als wolle er sagen: »Wir beide unterhalten uns noch darüber.« Laut sagte er: »Dreht einer von euch dann eben das Schild *Ruhe bitte* um?«
Kurz darauf setzte er sich die Brille auf die Nase und begann zu lesen.

Teil 1
Die Zeit wird *es* lehren

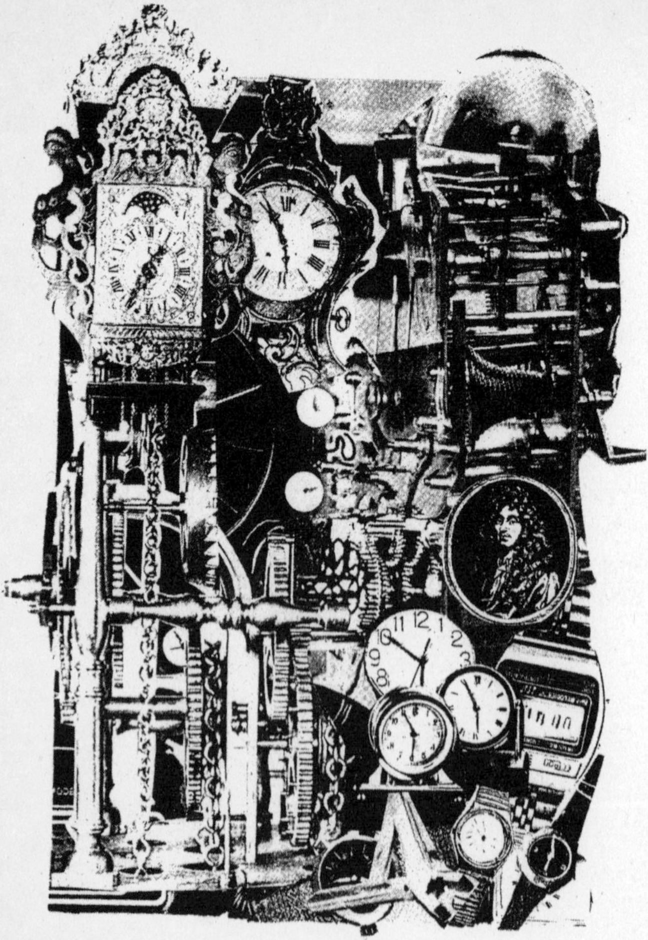

I/Eins

»Die Zeit ist eine eigenartige Sache«, sagte der Uhrmacher. »Man kann sie durch große und kleine Zeiger sichtbar machen – Stunden, Minuten und Sekunden. Heutzutage auch ohne Zeiger, digital, was vielleicht einmal unüberlegte, unerwartete und möglicherweise auch unangenehme Folgen haben könnte. O ja.« Er stockte. Er war ein altmodischer Uhrmacher, der noch imstande war, uralte Wecker, von Urgroßvätern geerbte Taschenuhren und antike Uhrwerke zu reparieren. »Räderwerk oder Quarz«, sagte er, »analog oder digital... die Zeit selbst fängt man nicht ein. Die steht nicht still, wie diese Uhr, an der ich gerade arbeite. Die Zeit vergeht, sagt man. Die Zukunft wird Gegenwart, Gegenwart wird Vergangenheit...«
Der Student nickte. Auch er dachte, ebenso wie der Uhrmacher, oft über die Zeit nach – vor allem über die Zeit, die schon vorbei ist: die Vergangenheit. Er studierte Geschichte an der Universität. Im Hause des Uhrmachers hatte er seit kurzem ein Zimmer gemietet, und er besuchte ihn gerne in dessen Werkstatt. Dort plauderten sie miteinander, oder sie führten tiefsinnige Gespräche, umringt von Uhren jeglicher Art.
Friesische Wanduhren, stuhlförmige Tischuhren und Kuckucksuhren blickten von den Wänden auf sie herab. Pendeluhren, Wecker und Westminsteruhren tickten ihnen von den Tischen aus zu, und aus den Vitrinen lugten Arm-

banduhren hervor. Nur die merkwürdige, hypermoderne Uhr in einer Ecke der Werkstatt ließ sich nichts anmerken. Sie hatte weder ein Zifferblatt noch ein Display, und sie gab keinerlei Geräusche von sich. Der Student hatte diese Uhr zunächst für einen großen Eisschrank gehalten. Der Uhrmacher hatte ihm jedoch erzählt, daß es in der Tat eine Uhr war – eine Uhr, die er selbst entworfen hatte, nicht mehr und nicht weniger als eine absolute Superuhr.
»Ich beschäftige mich jeden Tag damit, mal länger, mal kürzer«, sagte er. »Vielleicht wird sie niemals fertig; ich bastle sie zu meinem eigenen Vergnügen, als Zeitvertreib... Komischer Ausdruck«, fuhr er fort. »Zeitvertreib! Die Zeit hat es nicht nötig, vertrieben zu werden – sie geht von selbst vorbei, ob es uns paßt oder nicht. Aber gut, ich kann es auch so ausdrücken: Ich mache diese eine Uhr, um die Zeit angenehm zu verbringen, meine Freizeit wohlgemerkt. Selbstverständlich muß ich auch Zeit aufwenden, um mein tägliches Brot zu verdienen. Zeit ist Geld, sagt man unter Geschäftsleuten.«
»Eins zwei drei im Sauseschritt, läuft die Zeit, wir laufen mit«, murmelte der Student.
»Alles zu seiner Zeit«, sagte der Uhrmacher. Er zog den Wecker auf, den er gerade repariert hatte, und ließ ihn ablaufen. »In Ordnung«, sagte er. »Mein Tagewerk ist geschafft. Ich räume noch eben mein Werkzeug auf.«
»Und ich muß wieder an die Arbeit«, seufzte der Student. »Das Referat fertig schreiben, das ich diese Woche abliefern muß. Und noch eine Menge andere Dinge. In vierzehn Tagen habe ich ein Zwischenexamen.«
»Du trinkst doch sicher schnell noch ein Täßchen Kaffee mit mir?« bat der Uhrmacher. »Warum machst du denn so ein verzweifeltes Gesicht? Ist das Examen so schwer?«

Das Geheimnis des Uhrmachers

»Es ist sehr wichtig für mich«, sagte der Student. »Sehr umfangreich, abscheulich...« Er schwieg, weil alle Uhren, die schlagen konnten, sechs Uhr schlugen. »Ich wünschte«, sagte er, »daß keine Prüfungen und keine Examen erfunden worden wären. Ja, eine Tasse Kaffee trinke ich gerne mit.«
»Weshalb studiert man eigentlich Geschichte?« fragte der Uhrmacher, als er den Kaffee eingeschenkt hatte.
»Darauf läßt sich manches antworten. Aus den Ereignissen, die in der Vergangenheit geschehen sind, kann man in der heutigen Zeit lernen...« begann der Student.
»Und die Zukunft?« warf der Uhrmacher ein. »Aus dem, was in der Zukunft passieren wird, kann man doch auch heute etwas lernen. Oder etwa nicht?«
Der Student lachte. »Die Zukunft ist ein Buch mit sieben Siegeln.«
»Wer behauptet das?« fragte der Uhrmacher und warf einen Blick auf den Schrank, der in einer Ecke der Werkstatt stand – auf den Kasten ohne Zeiger oder andere Zeitangaben, der aber trotzdem eine Uhr war.
»Sie glauben doch hoffentlich nicht an Wahrsager, die die Zukunft prophezeien?«
»Ich glaube, daß es nützlicher ist, die Zukunft zu studieren als die Vergangenheit«, sagte der Uhrmacher. »Ich will euch Historiker gewiß nicht kritisieren, aber was in den Geschichtsbüchern steht, ist doch vorbei und jedem bekannt.«
»Bei weitem nicht bekannt!« protestierte der Student. »Wer Geschichte studiert, versucht dahinterzukommen, was unter den Schleiern der Zeit verborgen liegt.«
Der Uhrmacher erhob sich. »Richtig!« sagte er. »Die Schleier der Zeit! Die verbergen Vergangenheit und Zukunft. Ich möchte die Schleier der Zeit lüften und nachsehen, was sich dahinter versteckt... In dieser Hinsicht sind

Vergangenheit und Zukunft dasselbe.« Er sah sich in der Werkstatt um. »Vielleicht liegt es an all den Uhren«, fuhr er fort, »daß ich meine Zeit am liebsten damit verbringe, die Zeit zu studieren. Und zwar wissenschaftlich – mathematisch. Verstehst du, was ich meine?«
»Einstein und dergleichen? Die Relativität der Zeit? Ziemlich schwierig«, murmelte der Student.
»Auf einer normalen Uhr kann man nur sehen, wie spät es ist«, sagte der Uhrmacher, »und dann meistens auch nur, wie spät es an dem Ort ist, an dem man sich gerade befindet. Die einzige wahre Uhr, das Ziel aller Uhren, ist die Uhr, welche die Zeit selbst gefangen hält. Mit solch einer Uhr könnte man jede Zeitperiode erreichen, in der man sich befinden möchte – ganz gleich, ob diese in der Zukunft liegt oder in der Vergangenheit.«
Der Student starrte ihn an. »Sie meinen also...?«
»Ich meine eine Uhr, mit der man durch die Zeit reisen kann«, sagte der Uhrmacher. »Findest du das so merkwürdig? Man ist zum Mond gereist und wieder zurückgekommen. Wir haben Weltraumsonden hinausgeschickt, die uns Bilder von Jupiter, Saturn und Uranus übermittelt haben – Sonden, die später sogar unser eigenes Sonnensystem verlassen werden. Über Reisepläne zum Planeten Mars wundert sich schon fast niemand mehr. Warum sollte man dann nicht etwas konstruieren, womit man durch die Zeit reist?«
»Eine Zeitmaschine!« sagte der Student. »Darüber habe ich mehr als einmal gelesen. Allerdings nur in Science-fiction-Literatur. Pure Phantasie.«
»Absolut nicht«, sagte der Uhrmacher, »sondern Wirklichkeit, Möglichkeit. Ich arbeite daran, und da drüben steht mein Werkstück.« Er zeigte auf das weiße Ungetüm in der Ecke seiner Werkstatt.

»Das gibt's doch nicht!« rief der Student und sprang auf.
»Ist das eine *Zeitmaschine*? Und tut sie es auch?«
»Ich nenne es eine Uhr«, sagte der Uhrmacher. »Und ob sie es tut... Die Zeit wird es lehren.«
Der Student ging auf die Uhr zu und betrachtete sie ungläubig. »Sie sieht aus wie ein großer Schrank, mehr nicht«, sagte er.
»Du darfst sie dir ruhig etwas genauer ansehen«, sagte der Uhrmacher. Er machte die Schranktür auf, und da war der Student doch überrascht.
Das Innere des Schrankes war absolut nicht weiß und kahl. Die Wände waren übersät mit glimmenden Zifferblättern, mit silberglänzenden Stunden-, Minuten- und Sekundenzeigern, mit allen möglichen anderen Zeigern, mit Bildschirmen und Display-Tafeln, mit schwarzen, weißen, grünen und roten Knöpfen beziehungsweise Tasten, mit Rädchen und Zahnrädchen, mit dünnen Metalldrähten, Spiralfedern und kleinen Lämpchen. Auf der Innenseite der Tür war eine große Schalttafel befestigt, mit lauter Ziffern und Buchstaben, und auf dem Boden des Schrankes stand eine niedrige kleine Sitzbank.

»Na, was sagst du dazu?« sagte der Uhrmacher stolz.
»Es sieht phantastisch aus«, erwiderte der Student.
»Ich will jetzt nicht erklären, wie das alles funktioniert«, sagte der Uhrmacher. »Nicht nur deshalb, weil es noch ein Geheimnis ist, sondern es ist auch größtenteils höhere Mathematik, die du ohnehin nicht verstehen würdest. Wenn die Uhr fertig ist, kannst du dich auf dieses Bänkchen setzen; du mußt dann die Tür schließen und auf dem Schaltbrett den Zeitpunkt eingeben, zu dem du reisen möchtest...«
»Zum Beispiel den 1. Januar des Jahres 1000?« fragte der Student. »Oder 1492, oder 1789, oder 1905, oder den 6. August 1945?«*
»Ich würde lieber das Jahr 2945 als Beispiel wählen, oder Januar, Februar oder welcher Tag auch immer im Jahr 2000, oder 2001, oder 2010. Wenn die Uhr einmal arbeitet, brauchst du nur zu warten, bis sich die Tür von selbst wieder öffnet... dann trittst du hinaus in eine andere Zeit.«
»Tut sie... tut diese Uhr das tatsächlich?« fragte der Student beeindruckt, aber auch ein wenig ungläubig. »Ich meine, wenn sie fertig ist?«
»Ja sicher«, antwortete der Uhrmacher. »Die Technik arbeitet schon. Aber ich habe sie noch nicht genügend getestet.«
Er bastelte an ein paar Drähtchen herum, drehte an einem Knopf und drückte eine Taste hinunter. Das Innere der Uhr begann zu summen, die Rädchen gerieten in Bewegung, und anschließend erklang ein Ticken, das allmählich immer lauter wurde. Es schien, als ob eine Menge Uhren plötzlich in Gang gesetzt worden seien. Lämpchen leuchteten auf, Bild-

---

* Für einen Geschichtsstudenten sind dies natürlich bekannte Jahreszahlen. Aber weiß auch der verehrte Leser, was in diesen verflossenen Jahren passiert ist? (Der Bibliothekar der Januarischen Botschaft)

schirme wurden hell, und einige Zeiger begannen sich langsam zu drehen.
»Donnerwetter«, sagte der Student leise. »Das ist ja phantastisch!«

II/Zwei

»Wann werden Sie die Uhr ausprobieren?« fragte der Student eine Woche später. Er war jeden Tag in der Werkstatt gewesen und hatte inzwischen eine ganze Menge über die Zeituhr in Erfahrung gebracht. Er war der einzige, der davon wußte; der Uhrmacher wollte seine Erfindung vorläufig noch geheimhalten.
»Dir gegenüber hatte ich den Mut, darüber zu sprechen«, hatte er gesagt. »Du interessierst dich ja auch für die Zeitenfolge von Stunden, Monaten und Jahren – wenn auch in der Vergangenheit und nicht in der Zukunft.«
Jetzt antwortete er auf die Frage des Studenten: »Zuerst muß ich absolut sicher sein, daß meine Uhr zuverlässig ist. Zeitreisen sind nämlich nicht ungefährlich!«
Der Student stand vor der offenen Schranktür und betrachtete nachdenklich die Zeiger, die Lämpchen, die Knöpfe und die Rädchen. Er fand die Erfindung beinahe ebenso aufregend wie der Uhrmacher. Er hatte sein Studium schon allein dadurch vernachlässigt, daß er immer wieder an die Uhr denken mußte. Ab und zu bekam er Bauchweh bei dem Gedanken an das nahende Examen und an die schriftliche Arbeit, die er erst im letzten Augenblick abgegeben hatte. Er haßte Prüfungen, ja er fürchtete sie sogar, obwohl er wirklich nicht dumm war. Aber die Zeituhr war wichtiger als irgendwelche Examen... Die Zeituhr könnte sogar von sehr großer Wichtigkeit sein...

»Wenn ich einmal in die Vergangenheit reisen könnte«, sagte er, »in das antike Griechenland, das alte Rom... Dann könnte ich an einem einzigen Tag mehr in Erfahrung bringen als alle meine Professoren in einem ganzen Jahr! Sie müssen dafür sorgen, daß Ihre Uhr auch auf die Vergangenheit eingestellt wird. Das ist von ungeheurer Bedeutung für die Wissenschaft.«
Der Uhrmacher schüttelte stirnrunzelnd den Kopf.
»Weshalb eigentlich nur in die Zukunft?« fuhr der Student fort. »Ob Sie in die Vergangenheit oder in die Zukunft reisen wollen, Ihre Apparate arbeiten in beiden Fällen nach dem gleichen Prinzip; das haben Sie mir noch heute morgen erklärt. Warum also so abweisend der Vergangenheit gegenüber? Auch das ›Hier und Heute‹ ist Vergangenheit, sobald man sich in der Zukunft befindet... Man muß sich mal vorstellen, daß man die Entdeckung Amerikas mitmachen könnte – bei Kolumbus höchstpersönlich an Bord! Denken Sie sich da mal hinein, man könnte, Sie könnten...«
»Nun überleg erst mal«, fiel ihm der Uhrmacher ins Wort. »Weder du noch ich würden uns auf Kolumbus' Schiff zu Hause fühlen, weil...«
»Natürlich müßten wir uns gut vorbereiten, wir müßten Spanisch und Italienisch lernen«, sagte der Student. »Und wir werden Kolumbus nicht erzählen, daß er einen Kontinent entdeckt hat, den man später Amerika nannte, und daß er niemals Indien erreicht hat, wie er immer geglaubt hat. Aber trotzdem, was für ein Abenteuer! Wenn man sich vorstellt, man würde...«
Der Uhrmacher unterbrach ihn: »Ja, stell dir nur mal vor, daß du auf Kolumbus' Schiff mitreisen und über Bord fallen würdest, weil du an diese schwankenden Segelschiffe nicht gewöhnt bist – an diese Galeonen, Fregatten oder wie sie

auch heißen mögen. Stell dir vor, Kolumbus selbst würde dir nachspringen und dabei ertrinken. Seine Schiffe hätten dann keinen Kapitän mehr, und so würde Amerika auch nicht entdeckt werden.«
»Lächerlich, so etwas anzunehmen«, begann der Student.
»Ach ja? So etwas könnte doch ohne weiteres passieren«, sagte der Uhrmacher. »Durch die eine oder andere unüberlegte Handlung, durch irgendeine kleine Gedankenlosigkeit könntest du bei einem Ausflug in die Vergangenheit unfreiwillig die gesamte Geschichte verändern. Du lieber Himmel, könntest du dir vorstellen, daß Amerika nicht entdeckt worden wäre?«
»Es wäre immer entdeckt worden«, sagte der Student. »Wenn Kolumbus es nicht im Jahre 1492 getan hätte, so hätte es 1493 oder 1494 bestimmt ein anderer getan. Die Zeit war reif dafür – das glaube ich jedenfalls.«
»Aber dann wäre doch die Geschichte ein bißchen verändert worden und hätte danach einen anderen Verlauf genommen«, sagte der Uhrmacher. »Kleine Ursachen können große Folgen haben. Und du, ausgerechnet ein Geschichtsstudent, möchtest doch wohl nicht auf dem Gewissen haben, daß sämtliche Geschichtsbücher abgeändert werden müßten? Du meine liebe Güte, was könnte da nicht alles passieren! Du selbst könntest zum Beispiel in der Vergangenheit eine Banane essen... Laß mich ausreden! Du würdest dann die Bananenschale fallen lassen; über diese Schale würde dein Großvater ausrutschen und sich das Genick brechen. Dann würde er nie deine Großmutter heiraten, und ein Elternteil von dir würde nie geboren werden. Infolgedessen wärest du selbst auch nicht auf der Welt!« Er blickte den Studenten mit strenger Miene an.
Der junge Mann schwieg einen Augenblick. Dann sagte er:

»Solche Spitzfindigkeiten werden doch nur in Science-fiction oder Fantasie-Romanen erzählt. Wenn man selbst, höchstpersönlich, auf eine Zeitreise geht, bleibt man doch man selbst? Man nimmt sich selbst mit, auch in die Vergangenheit. Wieso kann man dann plötzlich verschwinden? Ihre Logik kommt mir unlogisch vor.«

»Kein Mensch weiß, was alles passieren kann, wenn man die Zeit zurückdreht«, sagte der Uhrmacher. »Die meisten Gelehrten sind der Ansicht, daß die Zeit in *eine* Richtung läuft, daß sie nicht umkehrbar ist. Das glaube ich selbstverständlich nicht; aber von der Vergangenheit lasse ich doch lieber meine Finger. Und zwar um die Gegenwart nicht in Gefahr zu bringen. Ich halte mich an die Zukunft, und damit basta.«
»Und falls man in die Zukunft reist«, fragte der Student, »kann man dann, wenn man wieder in seiner eigenen Zeit ist, wahrsagen und prophezeien?«
»Ich glaube schon«, antwortete der Uhrmacher.
»Nehmen Sie mal an, daß Sie in der Zukunft eine Katastrophe erleben«, fuhr der Student fort. »Könnte man die nach der Rückkehr abwenden oder verhindern?«
»Das ist eins von den Dingen, die ich in Erfahrung bringen möchte«, sagte der Uhrmacher.
»Wenn man in der Vergangenheit etwas ändern kann, müßte man das in der Zukunft ebenfalls können...« sagte der Stu-

dent. »Aber was in der Zukunft liegt, ist ja noch gar nicht geschehen! Wieso kann man dann etwas daran korrigieren, geschweige denn dorthin reisen?« Er ging zu einem Stuhl und setzte sich. »Je mehr ich darüber nachdenke, desto unergründlicher wird es«, sagte er seufzend.

»Kommt Zeit, kommt Rat«, meinte der Uhrmacher.

III/Drei

»Morgen, dachte der Student, morgen Nachmittag, Mittwoch, um vier Uhr: Examen. Und ich weiß nichts. Absolut nichts.
Er saß in seinem Zimmer, umgeben von Kolleghasten und Bücherstapeln. Nervös blätterte er mal hierin, mal darin. Hätte ich nur fleißiger gearbeitet, dachte er. Aber getane – oder in diesem Fall ungetane – Sachen lassen sich nicht rückgängig machen. Obwohl... der Uhrmacher behauptet, daß man die Vergangenheit doch verändern kann. Der Uhrmacher und seine Zeituhr. *Die* sind schuld daran, wenn ich durchfalle... Nein, stimmt nicht – es ist meine eigene Schuld. Ich hätte büffeln müssen, meine Skripten nochmal durchlesen müssen – statt immer wieder meine Arbeit aufzuschieben, um mir die Maschine-für-die-auf-uns-zukommende-Zeit anzusehen. Zeit. Hätte ich nur mehr Zeit! Ein paar Tage extra...
Er schob seine Bücher zurück, erhob sich und verließ sein Zimmer. Während er die Treppe hinunterging, hörte er die Haustür zuschlagen. Der Mantel des Uhrmachers hing nicht an der Garderobe im Flur; offensichtlich hatte dieser das Haus zu seinem üblichen Abendspaziergang verlassen. Meistens blieb er nicht lange weg.
Der Student betrat die Werkstatt. Der Uhrmacher hatte die meisten Lampen angelassen, und die Zeituhr stand offen. In ihrem Innern war es dunkel und still, während die anderen

Uhren tickten. Der Student überlegte, ob er warten sollte, bis der Uhrmacher zurückkommen würde. Natürlich wäre es besser, wieder in sein Zimmer zu gehen, um sich noch soviel Wissen als möglich einzutrichtern.
Das gelingt mir ja doch nicht, dachte er trübsinnig. Lieber will ich draußen eine Runde drehen, genau wie der Uhrmacher, und frische Luft tanken. Die verlorene Zeit hole ich doch nicht mehr ein. Ich falle bestimmt durch! Noch eine Nacht und einen Vormittag, und dann...
Er ging zu der geheimnisvollen Uhr in einer Ecke der Werkstatt. »Mittwoch«, sagte er zu sich selbst. »Morgen um fünf Uhr habe ich es hinter mir. Dann bin ich entweder durchgefallen oder ich habe bestanden.«
Die lautlose Uhr könnte es ihm jetzt schon sagen; in dieser Uhr saß die Zeit gefangen, auch die des Examens...
Die Technik ist einsatzbereit, wußte der Student. Wenn ich diesen Knopf drücke, diese Taste berühre, beginnt sie zu arbeiten. Bis zu hundert Jahren in die Zukunft hinein ist die

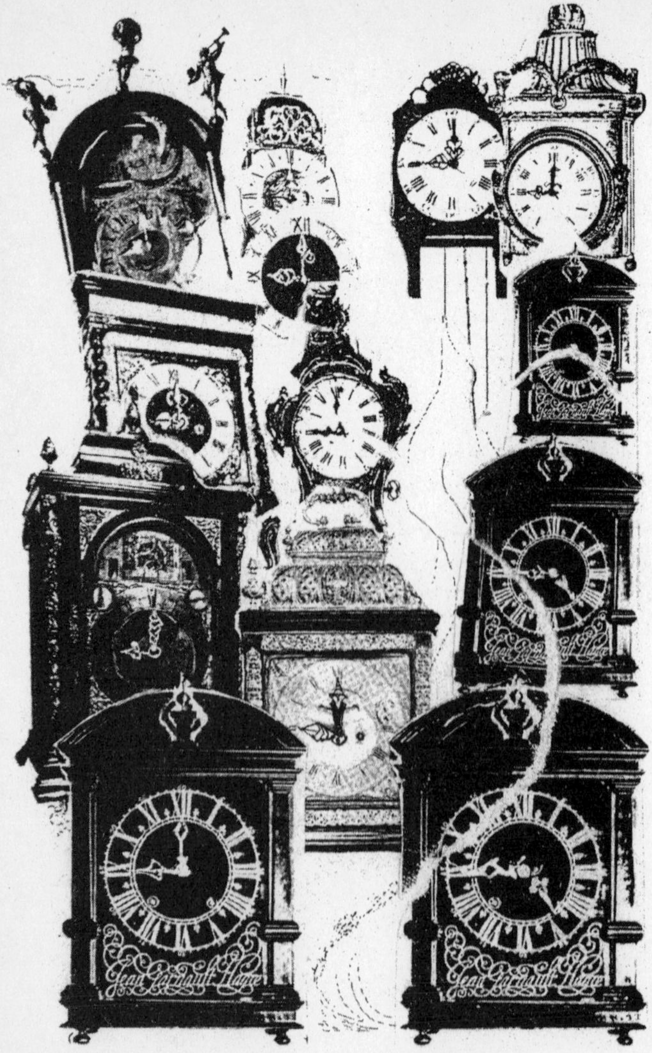

Uhr schon programmiert; das hat der Uhrmacher mir gestern gezeigt.
Der Uhrmacher hatte jedoch hinzugefügt, daß er es noch nicht wagte, seine Erfindung zu testen. Aber irgendwann würde er es wagen müssen! Wie sollte er sonst jemals erfahren, ob sein Ziel-aller-Uhren eine echte Zeitmaschine war?
Ich könnte sie ausprobieren, dachte der Student. Eine kleine Reise nach fünf Uhr oder nach einer Minute nach fünf morgen nachmittag unternehmen. Dann werde ich wissen, ob ich bestanden habe oder durchgefallen bin... Nur eine ganz kurze Reise, ein kleiner Ausflug.
Der Uhrmacher würde das bestimmt nicht gutheißen, aber er war ja nicht da, und er würde sicher noch eine halbe Stunde wegbleiben. »Wenn ich es mache«, sagte der Student zu sich selbst, »kann ich gleichzeitig den Beweis liefern, daß die Erfindung funktioniert. Ich werde es als Test im Interesse der Wissenschaft betrachten. Der Uhrmacher wird mir dankbar dafür sein...«
Er schrak zusammen, weil alle anderen Uhren zu schlagen begannen. Neun Uhr.
Er warf einen Blick auf seine Armbanduhr. Neun Uhr; sie ging richtig. Dann schaute er wieder zu der Zeituhr hinüber. »Nicht länger als eine Viertelstunde«, sagte er, während die Schläger widerhallten. »Nur ein Viertelstündchen – fünfzehn Minuten lang in die Zukunft blicken. Von fünf Uhr bis... Moment mal, ich muß ein bißchen Spielraum haben. Von Viertel vor fünf morgen nachmittag bis...«
Der Klang der schlagenden Uhren verstummte.
...Nur um zu wissen, wie es mit meinem Examen gelaufen ist, dachte er – nein, um zu sehen, ob die Uhr tatsächlich funktioniert.
Der Student beugte sich vor, drehte an einem Knopf und

berührte eine Taste... die Lämpchen leuchteten auf, und es begann zu ticken. Er ging in das Gehäuse der Zeituhr hinein und setzte sich auf die Bank. Er wußte genau, was er tun mußte; der Uhrmacher hatte es ihm mehr als einmal gezeigt. Diese Tasten da für die Hinreise, und jenen Schalter, um nachher die Rückreise in seine eigene Zeit zu bestimmen.
Wenn ich es wirklich tun will, dann jetzt sofort, dachte er. Bevor der Uhrmacher nach Hause kommt, muß ich wieder hier sein, in der gegenwärtigen Zeit. – Schnell nach morgen, ehe es mir zu gruselig vorkommt und ich mich nicht mehr traue.
Er streckte seinen Arm aus und zog die Tür zu. Er holte tief Luft, blickte auf das Armaturenbrett und sprach laut und deutlich: »Ein großer Augenblick ist angebrochen. Der erste Zeitreisende beginnt eine Entdeckungsreise in die Zukunft.«
Er drückte langsam und zielbewußt auf die Tasten – das Jahr, den Monat, den Tag, die Stunde... Minuten, Sekunden... Mittwochnachmittag, Viertel vor fünf. Mi. 16.45.
Er zog ein Gewicht herunter; das war das Gewicht der Zeit. Die Uhr begann zu beben. Das Ticken wurde lauter, die Rädchen und Zahnräder drehten sich schneller. Die Zeiger liefen wie verrückt rund. Die Lämpchen gingen an und aus, an und aus... Der Student klammerte sich an den Sitz der Bank, um nicht zu fallen. Es kam ihm vor, als schösse die Uhr empor und flöge danach in zielloser Fahrt durch ein unendliches *Nichts*. Ihm wurde schlecht. Man konnte seekrank werden, und auch Raumfahrer-Krankheit kam schon mal vor. Aber existierte so etwas wie Zeitkrankheit auch?
Er schaute sich um. All die sich drehenden Dinge machten ihn schwindelig. Er biß die Zähne zusammen und richtete seine Augen auf das Armaturenbrett. Es konnte nicht lange

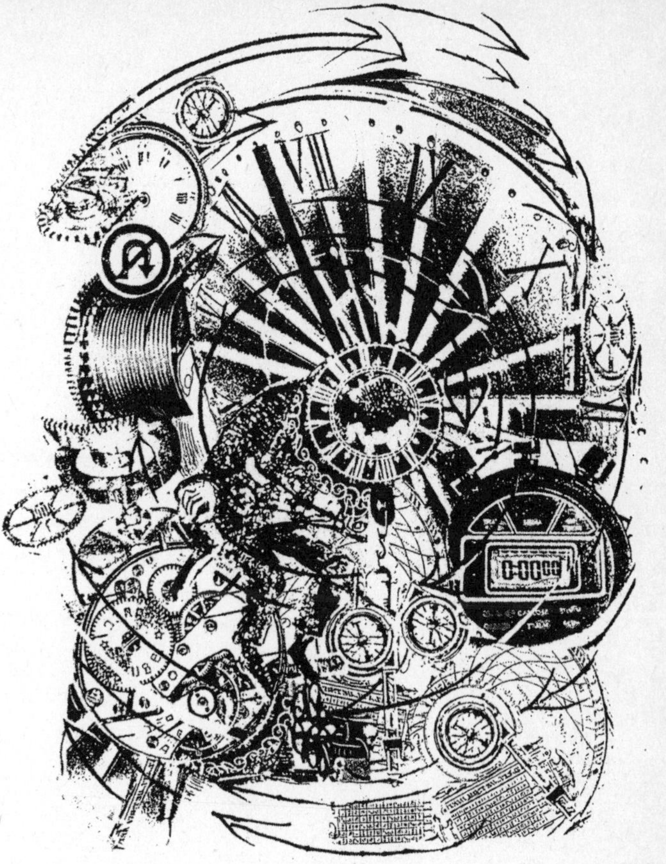

dauern. »Reisen durch die Zeit kostet keine Zeit«, hatte der Uhrmacher gesagt.
Die Uhr arbeitete jedenfalls. Was aber, wenn sie nicht richtig arbeitete? Was war, wenn er zu einem verkehrten Zeitpunkt in der Zukunft ankam? Und *wo* würde er ankommen? Angeblich an der Stelle, von der aus er gestartet war: in der Werkstatt. Nur ungefähr einen Tag, etwa zwanzig Stunden später. Zumindest dann, wenn die Zeituhr exakt arbeiten würde.
Stell' dir vor, sie tut das nicht, dachte der Student. Wie lange sitze ich hier schon? Hätte ich nicht sofort am Ziel sein müssen? Ich habe nicht das geringste Zeitgefühl mehr... Aber diese Reise kostet doch keine Zeit... Doch, ganz sicher. Eine ganze Nacht und ein halber Tag fliegen vorbei in... wie lang? *Wie lang?*
Rund um ihn herum drehte es, tickte es. Die Zifferblätter machten ihn fast blind. Die Metalldrähte sprühten blaue Funken. Ich halte es nicht aus, dachte er und machte die Augen zu. Ich werde krank, ich falle in Ohnmacht...
Das Ticken wurde langsamer, leiser... Plötzlich gab es einen Schlag, der die Uhr erzittern ließ.

Stille.

IV

Der Student öffnete die Augen. Die Lämpchen waren erloschen. Es roch eigenartig versengt, und es war stockdunkel. Die Uhr stand still.
Er geriet in Panik, stand auf, stieß gegen das Armaturenbrett... und sofort sprang die Tür auf.
Schwankend machte er einen Schritt hinaus; er rieb sich die Augen. Das half jedoch nichts; es blieb dunkel. Er war in einer pechschwarzen Finsternis gelandet.
Und doch mußte er in der Werkstatt sein, denn er hörte das Ticken vieler Uhren. Er war zweifellos in einer anderen Zeit angekommen – vorhin, am Dienstagabend, um neun Uhr oder eine Minute nach neun, hatten Lampen ihr Licht verbreitet. Jetzt aber war es Nacht. Ganz bestimmt nicht Viertel vor fünf – an welchem Nachmittag auch immer!
Welche Nacht ist es wohl? fragte er sich. Welche Stunde? Welches *Jahr*? Der kalte Schweiß brach ihm aus. Irgend etwas war verkehrt gelaufen. Hatte er sein Examen bereits hinter sich? Wenn er bestanden hätte, würde er sich freuen; wenn er durchgefallen war, das Gegenteil. Er empfand jedoch nichts, nichts außer Angst. Vielleicht war viel mehr Zeit verstrichen. Vielleicht befand er sich so weit in der Zukunft, daß das ganze Examen schon längst vergessen war. Das Examen war völlig bedeutungslos geworden.
Der Student suchte sich tastend in der Dunkelheit zu orientieren. Er fühlte die Tür der Zeituhr hinter sich – den

Schrank, dem er nicht mehr vertrauen konnte. Trotzdem, er mußte zurück in seine eigene Zeit.

Wenn ich nicht zurück kann, dachte er, muß ich für immer in einer anderen Zeit leben als die Menschen, die ich kenne. Selbst wenn es nur ein paar Stunden später wäre – ich hätte dann ein kleines Stück meines Lebens verloren. Ich habe, ganz gleich auf welche Weise, einen Teil meiner eigenen Zeit verloren. Was hätte in dieser Zeit nicht alles passieren können? Unangenehmes, aber auch Schönes. Ich hätte dem liebsten Mädchen der Welt begegnen können... Nur würde ich dies jetzt nie erfahren. *Jetzt*. Was ist: *Jetzt*? Dieser Augenblick ist für mich persönlich *Jetzt*; für andere ist es Zukunft.

Regungslos stand er im Dunkeln und hörte die Uhren ticken. »Ich muß Licht machen«, sagte er zu sich selbst. »Dann weiß ich wenigstens, wie spät es ist.«

Wie ekelhaft klang das Ticken in seinen Ohren! Die Augen jedoch begannen allmählich, sich an das Dunkel zu gewöhnen. Ganz vage sah er den Umriß einer Vitrine, ein mattglänzendes Zifferblatt. Dann erstarrte er. Irgendwo wurde eine Tür geöffnet. Schritte kamen näher, ein gedämpfter Ruf erklang.

Jemand kam in die Werkstatt und sagte in vorwurfsvollem Ton: »Was ist denn hier los? Überall das Licht kaputt.«

Der Student erkannte die Stimme des Uhrmachers.

Wessen Uhrmachers? War dieser eine Stunde, einen Tag, einen Monat oder etwa Jahre älter als der Uhrmacher vom Dienstag?

»Hallo«, sagte er.

»He, du bist hier?« rief der Uhrmacher, erstaunt oder erschrocken. »Was ist los?«

Der Student ging ein paar Schritte nach vorn und stieß

gegen einen Stuhl. »Ich... hm... bitte«, sagte er flehend, »sagen Sie mir, wie spät es ist...«
»Wie was?« rief der Uhrmacher. »Eben erst eine neue Sicherung einschrauben«, unterbrach er sich.
Der Student umklammerte die Stuhllehne mit beiden Händen. Ich glaube, ich bin noch immer zeitkrank, dachte er.
Plötzlich ging das Licht an. Wie im grellen Schein eines Blitzes erkannte er die Werkstatt, die genauso aussah wie immer. Anschließend wurde es wieder dunkel. Einen Augenblick später war es wieder hell; er saß nun auf dem Stuhl, und der Uhrmacher beugte sich über ihn.
»Du wirst doch wohl nicht das Zeitliche segnen?« fragte dieser besorgt. »Hier, nimm einen Schluck.«
Der Student trank; seine Zähne klapperten gegen das Glas.
»Bleib mal einen Moment ruhig sitzen«, sagte der Uhrmacher, und er ging in die Ecke der Werkstatt hinüber, in der seine Zeitmaschine stand.
Der Student schaute auf die Zifferblätter, die ihn allesamt anstarrten. Sämtliche Uhren zeigten fünf Minuten nach neun. Erst fünf Minuten nach neun? Er wollte fragen, was für ein Datum es sei; doch da fiel sein Blick auf den Kalender, der an einer der Wände hing, und da war es nicht mehr nötig. Dienstag.
Der gleiche Abend also. Auch seine Armbanduhr berichtete es ihm: derselbe Tag. Es war noch keine fünf..., nein, nur vier Minuten her, seit er die Schranktür hinter sich zugezogen hatte!
»Die Uhr t-t-tut es nicht«, stotterte er.
»Und ob sie es tut!« ließ sich die Stimme des Uhrmachers vernehmen. »Nur scheint ihr die Zeit schwerzufallen, denn alle Sicherungen sind durchgeschlagen.« Er näherte sich dem Studenten. »Was hast du bloß angestellt?«

Es ist oft früher oder später als man denkt!

Der Student stand auf. Er spürte, daß er rot wurde.
»Du brauchst es mir nicht mehr zu sagen«, meinte der Uhrmacher. »Du hast sie ausprobiert!«
»Es... t-tut mir leid«, stotterte der Student.
»Das kann man dir ansehen!« sagte der Uhrmacher. »Ich nehme an, daß du es nicht noch einmal wagen würdest. Und du behauptest, daß meine Erfindung nicht funktioniert?«
»Ja, in der Tat«, antwortete der Student. »Es ist erst fünf... fünfeinhalb Minuten her, seit ich die Tür geschlossen habe. Wenn es auch Stunden zu sein scheinen.« Er schauderte.
»Ja, die Zeit ist ein merkwürdiges Phänomen«, sagte der Uhrmacher. »Mal wird sie einem lang, und mal fliegt sie nur so vorbei.« Er schwieg einen Augenblick, dann sagte er: »Trotzdem, meine Erfindung hat ordentliche Arbeit geleistet. Eine Minute nach neun hast du eine Reise in die Zukunft begonnen. Und siehe da, jetzt ist es fast sechs Minuten später!«
»Ja, aber das ist normal«, sagte der Student und schwieg dann wieder. Es ist wahr, dachte er, die Zeit ist tatsächlich ein merkwürdiges Phänomen.
Der Uhrmacher untersuchte seine Erfindung mit nachdenklicher Miene; er bastelte an den Drähten herum, stieß ein Zahnrad an, drehte an einem Knopf. »Dein waghalsiges Unternehmen hat mich auf jeden Fall etwas gelehrt«, murmelte er. »Es müssen mehr Sicherungen eingebaut werden.«
»Ist sie... ist sie denn nicht kaputt?« fragte der Student.
»Jawohl«, sagte der Uhrmacher, »aber sie ist ohne weiteres zu reparieren.«
Der Student wußte nicht, ob er erleichtert oder enttäuscht sein sollte. »Machen Sie denn weiter damit?« fragte er.
»Natürlich, mein Junge!« sagte der Uhrmacher. »Ich könnte es gar nicht mehr lassen. Vielleicht wird es noch lange dau-

ern, bevor meine Ziel-aller-Uhren-Uhr wirklich brauchbar ist. Wer die Zeit einfangen will, darf nicht auf Zeit sehen.«
Meinetwegen wäre es nicht mehr nötig, dachte der Student. Ich verbringe meine Zeit lieber ganz normal, notfalls sogar mit einem Examen.
Und er fragte: »Glauben Sie, daß es gelingen wird? Und wenn es Ihnen gelingt, was dann? Was machen Sie dann mit Ihrer Erfindung?«
»Die Zeit wird es lehren«, sagte der Uhrmacher.

Zwischenspiel

In der Bibliothek auf der Anderen Seite der Tür

Es ist doch nicht aus?« fragte Christian.
Der Bibliothekar klappte das Heft zu.
»Haben Sie nie eine Fortsetzung geschrieben?« erkundigte sich Otto nach einem Augenblick der Stille.
»Nein. Wie hätte ich das denn machen sollen? Ich habe euch doch erzählt, daß dies eine wahre Geschichte ist!« sagte der Bibliothekar, während er seine Brille abnahm. »Dies hier ist alles, was der Uhrmacher mir erzählt hat.«
»Dann hat er Ihnen nicht die Wahrheit erzählt!« klang unvermutet eine bekannte Stimme aus einem dunklen Winkel der Bibliothek. Zum zweitenmal kam aus dem großen Ledersessel die hochgewachsene Gestalt des Herrn A zum Vorschein. Offensichtlich war er doch nicht weggegangen, oder er war unbemerkt zurückgekommen.
Die drei Kinder starrten ihn an, während er langsam auf den Tisch zukam. Der Bibliothekar hob die Augen nicht von seiner Kladde; erst als Herr A ihm gegenüberstand, hob er den Kopf.
»Das ist das Geheimnis...« begann er.
»...des Uhrmachers«, ergänzte Herr A den Satz. »Der Uhrmacher wollte seine Erfindung geheimhalten. So ist es doch, nicht wahr?«
Der Bibliothekar zupfte an einer Spitze seines Schnurrbarts.
»Ja, sicher.«
»Sie haben den Uhrmacher gut gekannt«, fuhr Herr A fort.

»Besser als irgendein anderer!« nickte der Bibliothekar.
»Dann müssen Sie doch wissen, daß das letzte Kapitel aus Ihrer Geschichte nicht wahr ist! Wenn *ich* es erzählen würde, so würde es ein ganz anderes Kapitel sein und gewiß nicht das letzte – o nein. Es würde noch eine ganze Menge folgen.«
»Würde folgen? Wird folgen?« sagte der Bibliothekar leise. »Ist gefolgt? Hätte folgen müssen? Fortsetzung folgt?«
Die Kinder blickten schweigend von dem einen Mann zum anderen. Der Bibliothekar blieb ruhig auf seinem Platz am Tisch sitzen, freundlich abwartend. Der andere Mann wirkte irgendwie herausfordernd; er sagte: »Ihrer Schilderung nach arbeitete die Zeitmaschine...«
»Zeituhr«, verbesserte der Bibliothekar.
»...arbeitete die Zeituhr nicht. Aber sie arbeitete *wohl*. Und wie!«
»Und wie! Woher wissen Sie das, Herr A?«
»Weshalb immer das ›Sie‹ und ›Herr A‹? Sagen Sie ruhig ›du‹ zu mir; das tut der Uhrmacher auch. Wissen Sie, ich bin – oder war – nämlich der Student.«
Überrascht betrachteten die Kinder Herrn A; selbst Otto machte ein ungläubiges Gesicht. War dieser unnahbare, selbstsichere Mann wirklich einst der Student mit seiner Examensangst gewesen?
Der Bibliothekar sagte: »Sind Sie... waren Sie der Student aus *Die Zeit wird es lehren*?« Er sagte es fragend, aber keineswegs erstaunt.
»Ja, in der Tat, und ich könnte dies auch beweisen. Kein Wunder, daß dieser Junge (Herr A nickte Otto zu) einen anderen Schluß erwartete. Ihre Geschichte hat ja überhaupt kein Ende!«
»Wie endete sie denn?« fragte Otto gespannt.

»Ja, erzählt es uns«, sagte der Bibliothekar. »Wir sind sehr neugierig.«
»Ich denke gar nicht daran«, sagte Herr A. »Das würde viel zu viel Zeit kosten.«
»Nun tu nur nicht so, junger Mann«, sagte der Bibliothekar. »Wir haben hier Zeit wie Sand am Meer, das weißt du genau. Und ich, als Autor, habe doch bestimmt ein Recht darauf, auch deine Version zu hören. Auf die Erinnerung eines einzelnen Menschen sollte man sich nie allzu sehr verlassen, selbst wenn dieser ein Uhrmacher ist. Bitte, erzähle!«
Die Kinder unterstützten ihn.
Herr A schüttelte den Kopf. »Ich erzähle nichts«, sagte er entschlossen. »Es wäre jetzt nicht die rechte Zeit dazu.«
»Dann schreib es wenigstens auf«, schlug der Bibliothekar vor. »Notfalls kannst du es mir ja diktieren.«
»Ja, bitte«, sagte Otto.
»Bitte, bitte«, bat auch Christian.
Auch Klärchen schloß sich an: »Bitte, erzähl uns, Student!«

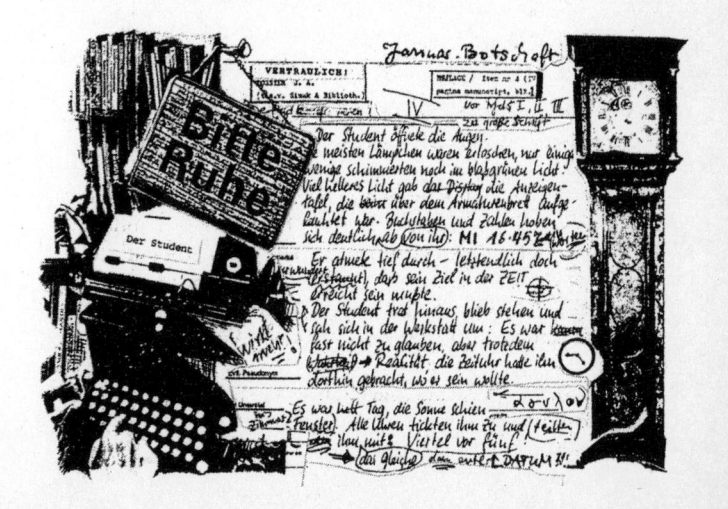

»Ex-Student«, verbesserte Herr A. Otto bemerkte plötzlich, daß dieser nicht so alt war, wie er zuerst gedacht hatte... auf jeden Fall ein gutes Stück jünger als der grauhaarige Bibliothekar. Jetzt schien er zu zögern.
»Also gut«, sagte er schließlich, »ich werde meine Geschichte aufschreiben. Aber darf ich mir dann wenigstens diese Kladde aus Ihrer Bibliothek ausleihen? Die ersten drei Kapitel sind in Ordnung, und das bedeutet sowohl Arbeits- als auch Zeitersparnis für mich.«
Zum Glück begann der Bibliothekar nicht wieder über die Fülle von Zeit, die man in der Botschaft zur Verfügung hatte. Er reichte dem Ex-Studenten seine Kladde. »Nur das eine Mal werde ich dieses Manuskript ausleihen«, sagte er. »Dreht das Schild wieder um, meine lieben Freunde. Dann kann er ungestört anfangen.«
Die zeigerlose Uhr tickte, sonst war es still in der Bibliothek. Als die Kinder weg waren, wurde es noch stiller; danach war manchmal auch das leise Kratzen einer Feder zu hören. Und noch später – wie spät, das wußte möglicherweise der Bibliothekar, Herr A wußte es nicht – überstimmte das Tippen auf der Schreibmaschine das Ticken der Uhr.
Aber irgendwann war Herr A mit seiner Geschichte fertig...

»Bitte schön«, sagte er zum Bibliothekar, »hier ist *meine* Version vom *Geheimnis des Uhrmachers*; ich habe beim Untertitel *ein* Wort geändert. Eine *wahre* Geschichte. Sie wollen sie doch sicher den Uhrmacher lesen lassen.«
»Mit größtem Vergnügen, Jan A!« sagte der Bibliothekar. »Wie werden die Kinder sich freuen. Ich erwarte sie jeden Augenblick; sie sind sicher sehr gespannt, wie...«
»Gespannt?« warf Jan A ein. »Ich glaube, daß sie die ganze Geschichte längst wieder vergessen haben.«

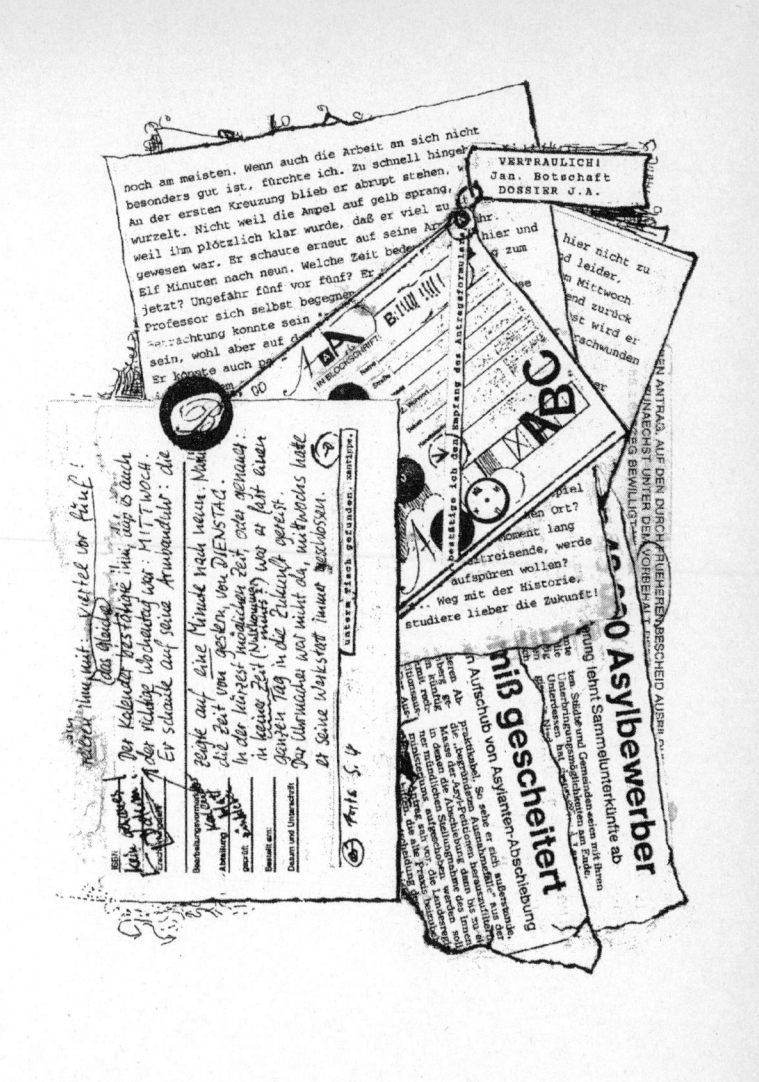

noch am meisten. Wenn auch die Arbeit an sich nicht
besonders gut ist, fürchte ich. Zu schnell hinge...
An der ersten Kreuzung blieb er abrupt stehen,
wurzelt. Nicht weil die Ampel auf gelb sprang,
weil ihm plötzlich klar wurde, daß er viel zu
gewesen war. Er schaute erneut auf seine Ar...
Elf Minuten nach neun. Welche Zeit bede...
jetzt? Ungefähr fünf vor fünf? Er
Professor sich selbst begegne...
Betrachtung konnte sein
sein, wohl aber auf d...
Er konnte auch n...

VERTRAULICH!
Jan. Botschaft
DOSSIER J.A.

»Die Zeit wird es lehren«, sagte der Bibliothekar. »Du liest ihnen deine Geschichte doch sicher gleich vor.«
»Nein, das tue ich nicht! Ach ja, hier haben Sie Ihre graue Kladde zurück. Lassen Sie die Kinder daraus die Kapitel I bis III nochmal durchlesen! Bevor sie mit dem Kapitel vier beginnen, das *meine* Erlebnisse schildert.«
Jan A wollte gehen, aber die Stimme des Bibliothekars hielt ihn zurück:
»Klärchen und Christian werden jeden Moment hier sein. Willst du ihnen deine Geschichte wirklich nicht vorlesen?«
»Nein, das können Sie viel besser, und das ist ehrlich gemeint«, antwortete Jan A. »Vorlesen? Ich? Kommt überhaupt nicht in Frage!«
»Und dabei bist du doch der Held der Geschichte!«
»Ich bin die Hauptperson, oder auch der Protagonist«, sagte der junge Mann, »aber mit Sicherheit nicht der *Held* meiner Geschichte.«

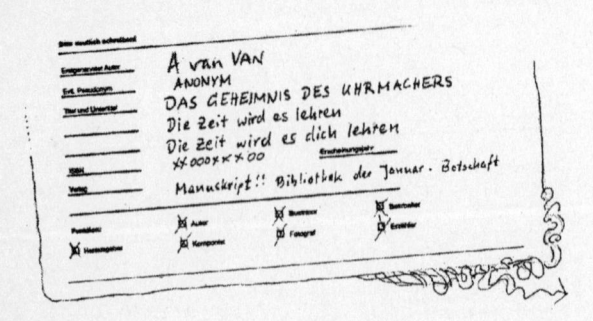

Ruhe.

Teil 2
Die Zeit wird es *dich* lehren

Was ist die rechte Zeit?

Vier

Der Student öffnete die Augen. Die meisten Lämpchen waren erloschen; nur einige wenige schimmerten noch mit blaßgrünem Licht. Viel helleres Licht gab die Anzeigentafel, die über dem Armaturenbrett aufgeleuchtet war; Buchstaben und Zahlen hoben sich deutlich von ihr ab:

Er atmete tief durch – letztendlich doch verwundert, daß sein Ziel in der Zeit erreicht sein mußte. Beim Aufstehen stieß er gegen das Armaturenbrett, und sofort sprang die Tür auf.
Der Student trat hinaus, blieb stehen und sah sich in der Werkstatt um. Es war fast nicht zu glauben, aber trotzdem Realität; die Zeituhr hatte ihn dorthin gebracht, wo er sein wollte. Es war Tag, die Sonne schien durchs Fenster. Alle Uhren tickten ihm zu und teilten ihm das gleiche mit:
Viertel vor fünf!
Der Kalender bestätigte ihm, daß es auch der richtige Wochentag war: Mittwoch. Er schaute auf seine Armbanduhr: die zeigte auf *eine* Minute nach neun. Natürlich, die Zeit von gestern, von Dienstag.

In der kürzest möglichen Zeit, oder genauer: in Nullkommanichts war er fast einen ganzen Tag in die Zukunft gereist.

Der Uhrmacher war nicht da; mittwochs hatte er seine Werkstatt immer geschlossen. Gewöhnlich ging er dann aus und machte den einen oder anderen Besuch.

Hoffentlich ist er auch jetzt nicht zu Hause und bleibt noch ein Weilchen weg, dachte der Student. Und auch ich muß hier blitzartig verschwinden – zum Haus des Professors, oder zu einem meiner Freunde, den Kommilitonen in der Kneipe, um zu erfahren, ob ich bestanden habe oder... Müßte ich das nicht schon wissen? überlegte er. Ich habe das Examen doch schon hinter mir? Jedenfalls beinahe... Nein, ich weiß es nicht! Ich bin der ›ich‹ von gestern, der Student von Dienstag. Der ›ich‹ von heute, der Mittwochstudent, sitzt gerade im Examen und ist gleich damit fertig. Der wird gleich in Feststimmung sein... oder ziemlich angeschlagen. Aber... sind denn der ›ich‹, der hier steht, und mein *alter ego*, der ›ich‹, der im Examen sitzt, *zwei* Personen? Oder sind sie ein und derselbe?

Er dachte darüber nach. Nicht zum erstenmal – aber diesmal betraf es die Wirklichkeit und kein theoretisches Problem.

Wir müssen zwei Personen sein, beschloß er, denn ich weiß *nichts* von dem, was zwischen gestern abend kurz nach neun und heute nachmittag geschehen ist. Mein alter ego wird das natürlich wissen. Aber wie soll ich es anstellen, um das *selber* ebenfalls zu erfahren? Ich kann doch nicht einfach zu meinem anderen Ich gehen und ihn danach fragen?

Er hörte über sich Geräusche. Fußtritte? – Es ist *doch* jemand im Haus! Wer wohl? Der Uhrmacher? Fast zehn vor fünf... Nur raus hier!

Rasch verließ der Student die Werkstatt. Im Flur blieb er kurz stehen und warf einen Blick auf die Treppe. Wieder hörte er etwas, oben – es klang nach seiner Zimmertür. Das kann ich selbst doch wohl nicht sein... Jetzt schon? Gleich kommt er – komme ich noch herunter...
Dies schien ihm plötzlich das Schlimmste, was ihm passieren konnte: eine Begegnung mit sich selbst. Das war total unnatürlich, unvorstellbar; das konnte nie und nimmer gut gehen.
Er schnappte sich seinen Anorak und zog ihn an, während er schon hinaus auf die Straße stürzte. – Ich hätte auch hintenherum gehen und mir das Fahrrad aus dem Schuppen holen können... Dummer Gedanke, das Rad hat doch dein alter ego. Zumindest dann, wenn dieser nicht zu Hause ist. Oder wenn er nicht zu Fuß zum Haus des Professors gegangen ist. Es ist ja nicht weit, und das Wetter ist schön.
Der Student selbst machte sich zu Fuß auf den Weg. Der Professor nahm ab und zu ein Examen – wie auch dieses hier – bei sich zu Hause ab, meist auf Grund einer oder mehrerer schriftlicher Arbeiten.
Welches Skriptum war es eigentlich, das ich erläutern und verteidigen sollte? überlegte der Student. Ich hoffe, das letzte; davon weiß ich noch am meisten. Wenn auch die Arbeit an sich nicht besonders gut ist, fürchte ich. Zu schnell hingehauen... An der ersten Kreuzung blieb er abrupt stehen, wie angewurzelt. Nicht, weil die Ampel auf Gelb sprang, sondern weil ihm plötzlich klar wurde, daß er viel zu tollkühn gewesen war. Er schaute erneut auf seine Armbanduhr. Elf Minuten nach neun. Welche Zeit bedeutete das hier und jetzt? Ungefähr fünf vor fünf? Er würde auf dem Weg zum Professor sich selbst begegnen können... Bei näherer Betrachtung konnte sein ›alter ego‹ noch nicht zu

Hause sein, wohl aber auf dem Heimweg. Er könnte auch per Zufall dem Uhrmacher begegnen oder irgendeinem anderen Bekannten. Und genau genommen hatte er hier ja nichts zu suchen – er gehörte zum gestrigen Tag.
»Einen Umweg machen! Die Straße schräg überqueren und die kleine Gasse links nehmen«, sagte er sich.
Die Ampel war inzwischen auf Rot gesprungen; eine lange Autokette setzte sich in Bewegung und fuhr an ihm vorbei. Ich glaube, ich habe die ganze Sache ziemlich unüberlegt angepackt, dachte der Student. Wie komme ich nur dahinter, was ich heute mittag getan oder gelassen habe? Ohne in irgendeine merkwürdige Situation zu geraten – zum Beispiel ich persönlich zweimal zur gleichen Zeit am gleichen Ort? Und das alles nur wegen eines Examens! Einen Moment lang stockte ihm der Atem. – Ich, der erste Zeitreisende, werde doch nicht den Ausgang eines *Examens* aufspüren wollen? Ausgerechnet noch in Geschichte... Weg mit der Historie, lache über die Vergangenheit, studiere lieber die Zukunft!
Die Ampel zeigte noch immer Rot. Ich darf hier nicht zu lange warten, dachte er voller Ungeduld. Und leider, leider kann ich auch nicht zu lange in diesem Mittwoch bleiben; ich muß am Dienstag –, gestern abend zurück sein, bevor der Uhrmacher nach Hause kommt. Sonst wird er merken, daß seine Erfindung aus der Werkstatt verschwunden ist und...
Die Ampel sprang auf Grün. Er wollte hinübergehen, aber als er gerade einen Fuß auf die Straße gesetzt hatte, öffnete sich die Tür des Autos, das als erstes dicht neben ihm gestoppt hatte. Eine bekannte Stimme rief laut seinen Namen. Der Student blieb stehen und erstarrte von neuem, als er sah, wer ihn gerufen hatte. Der Mann hinter dem Lenkrad

war: niemand anderes als sein Professor! Dieser winkte ihn herbei: »Kommen Sie, steigen Sie ein!«
Der Student spürte, daß er trotz allem noch in der Lage war, sich zu bewegen, und ging langsam auf das Auto zu. Der Professor sah ihn freundlich an.
»Steigen Sie ein«, wiederholte er.
Der Student gehorchte; er nahm neben dem Professor Platz.
»Welch ein netter Zufall«, sagte dieser, »oder eigentlich doch kein Zufall. Ich bin froh, daß ich Ihnen nun doch noch relativ pünktlich auf den Zahn fühlen kann.« Er lachte. »Es tut mir leid, daß...«
Mehrere Autos hinter ihnen begannen ein Hupkonzert.
»Sorry, wir müssen weiterfahren, machen Sie die Tür zu«, sagte der Professor. Er zog so schnell an, daß der Student hart gegen die Rückenlehne gepreßt wurde.
»Sorry«, sagte der Professor nochmals. »Sie waren natürlich unterwegs zu meinem Haus. Es tut mir leid, daß ich Ihr Examen im allerletzten Moment verschieben mußte, heute morgen erst. Na ja, eine oder anderthalb Stunden, das macht eigentlich nicht soviel aus. Es freut mich, daß...«
Der Student starrte wortlos auf die Uhr neben dem Lenkrad. Drei Minuten vor fünf.

»Sie fanden es doch hoffentlich nicht schlimm?« fragte der Professor neben ihm.
»Nein. Nein, natürlich nicht, Herr Professor«, sagte der

Student. Er dachte: Das Examen hat also noch gar nicht stattgefunden! Er hat es aus irgendeinem Grund verschoben.
»Eine dringende Sitzung, bei der ich anwesend sein mußte«, erklärte der Professor. »Wirklich ganz unerwartet. Ich bin froh, daß Sie es heute morgen, als ich Sie anrief, so gelassen hinnahmen...« Er bremste. »An die Einbahnstraße hier habe ich mich immer noch nicht gewöhnt...« Er bog um die Ecke. »Wie auch immer, wir können sogar früher anfangen, als wir heute morgen vereinbart hatten. Um fünf Uhr sind wir bei mir zu Hause, oder auch ein paar Minuten später.«
Er plauderte noch eine Weile weiter; der Student hörte ihm zu und überlegte währenddessen: Wo ist mein alter ego?! Radelt er jetzt wie verrückt hinter uns her? (Er wagte es nicht, sich umzuschauen.) Mein Mittwochs-Ich... dann war er es also doch, den ich vorhin in meinem Zimmer gehört habe. Er muß ja wissen, daß mein Examen auf fünf Uhr oder später verlegt worden ist. Vielleicht wartet er schon vor dem Haus des Professors.
Das Auto stoppte vor einem schönen, alten Haus. »So, da sind wir«, sagte der Professor. »Kommen Sie bitte mit.«
Der Student stieg aus und folgte ihm zur Haustür. Dort stand niemand, der wartete. Er sah sich schnell und verstohlen um. Am Ende der Allee fuhr ein Polizist auf dem Fahrrad. Im übrigen war dort kein Mensch zu sehen... oder sah er da doch jemand, in einer Nebenstraße? Ja... Nein, doch nicht... oder er war im Schatten der Häuser verschwunden.
»Kommen Sie?« bat der Professor.
Der Student hatte keine Wahl. Es blieb ihm nichts anderes übrig, als mit seinem Lehrmeister in dessen Haus hineinzugehen.

Fünf

»Ich hoffe, daß Sie es wirklich nicht so schlimm finden, daß wir später anfangen«, sagte der Professor nochmals, während er seinen Hausschlüssel aus der Tasche zog. »Aber Sie scheinen mir nicht zu den nervösen Typen zu gehören.« Er betrachtete den Studenten, der größer war als er selbst. »Ich meine Prüfungsangst oder so. Damit haben Sie bestimmt keine Probleme.«
»Nein, überhaupt nicht. Eigentlich nie«, sagte der Student.
Der Professor steckte den Schlüssel ins Schloß und öffnete die Tür. »Soll ich vorgehen? Wahrscheinlich haben Sie heute morgen auch kein Buch mehr angesehen?«
»Nein, Herr Professor«, antwortete der Student wahrheitsgemäß. Dabei dachte er: Heute morgen! Davon weiß ich überhaupt nichts! Mein alter ego dagegen... Wo steckt er nur?
Währenddessen ging er hinter dem Professor her durch eine Diele. Sie hingen ihre Jacken an der Garderobe auf. Daneben hing ein Spiegel; der Student warf einen kurzen Blick hinein – ein wenig verwundert, daß er noch genauso aussah wie immer.
»Willkommen bei mir zu Hause«, sagte der Professor. »Betrachten Sie mein Haus während der nächsten Stunde als einen sicheren Zufluchtsort.« Er lächelte. »Asylon... Ihr spezielles Thema. Zufluchtsort, Freistätte und Asyl, im Altertum und Mittelalter... Donnerwetter, es ist erst drei

Minuten nach fünf. Wir haben das Reich für uns allein; niemand ist zu Hause. Aber in der Küche steht Kaffee bereit. Oder möchten Sie lieber Tee? Den könnte ich schnell aufgießen.«
»Vielen Dank, nein. Ich... eh, ich brauche wirklich nichts, Herr Professor«, sagte der Student. »Außer... vielleicht haben Sie ein Glas Wasser für mich?« Er hatte plötzlich einen ganz trockenen Mund.
»In Ordnung«, sagte der Professor munter. »Gehen Sie schon mal hinein. Mein Arbeitszimmer. Die Tür da drüben, neben der Treppe, gegenüber der Uhr.«
Mein anderes Ich hatte den Professor am Telefon, dachte der Student. Wo war *ich* denn dann, ich persönlich, der ich jetzt hier stehe, eigentlich der Ich von gestern? Nicht zu Hause? Oder doch zu Hause? Auf Zeitreise? Ich muß hier weg. Mein alter ego hat eine ganze Nacht und einen halben Tag Zeit gehabt, sich vorzubereiten. Jedenfalls dann, wenn er in die Wirklichkeit zurückgekehrt ist... Er... *ich* muß ja zeitig zurückgekommen sein; sonst hätte *er* heute morgen nicht das Telefongespräch mit dem Professor führen können. Er muß wissen, daß... Ich bin in diese Situation hineingeschlittert! Wie komme ich nur wieder heraus?

Das Arbeitszimmer sah richtig professoral aus: Bücherschränke an den Wänden, hier und da historische Landkarten, zwei Büsten von antiken Philosophen, die auf Konsolen standen, sowie ein großer Globus. In der Mitte befand sich ein beachtlich großer Schreibtisch, auf dem Bücher und Papiere lagen.
Wovon hat er eben gesprochen? Asylon... dachte der Student. Schade um die Zeit; jetzt ist es sowieso fast sicher, daß ich durchfalle.

Der Professor kam herein, er trug einige Bücher unter dem Arm. In den Händen hielt er ein Tablett, auf dem ein weiteres Buch lag, sowie eine Tasse Kaffee und ein Glas Wasser standen. Der Student eilte ihm entgegen, übernahm ein wenig ungeschickt das Tablett und stellte es ab.
»Danke! Nehmen Sie bitte Platz, machen Sie es sich bequem«, sagte der Professor. Er wies auf einen großen lederbezogenen Sessel, der auf einer Seite des Schreibtisches stand. Er selbst setzte sich auf die andere Seite und stapelte seine Bücher neben einem großen, besonders altmodischen Telefon. Danach zog er abwechselnd ein paar Schubladen auf und murmelte: »Irgendwo müssen doch Plätzchen sein...« In der Tat brachte er schließlich eine kleine Blechdose zum Vorschein, rund und bunt, auf deren Deckel ein Herrenhaus gemalt war, Marke »Die Botschaft«. »Ich examiniere gerne hier«, sagte er. »Diese häusliche und doch passende Umgebung wirkt beruhigend und außerdem inspirierend. Finden Sie nicht auch?«
»Ja, ja sicher, Herr Professor«, antwortete der Student, während er überlegte, ob er wohl genug Wärme in seine Stimme gelegt hätte. Er nahm ein Plätzchen aus der Dose, obwohl er mit Sicherheit wußte, daß er es nicht durch die Kehle bekommen würde.
»Na also«, sagte der Professor. Er schob einige Bücher beiseite, schlug einen Notizblock auf und nahm sich einen Füllfederhalter. »Sollen wir anfangen?«
Der Student nahm eine aufrechte Haltung an.
»Machen Sie es sich doch gemütlich«, sagte der Professor. Nachdem er einen Schluck Kaffee getrunken hatte, setzte er sich die Brille auf, nahm sie dann wieder ab und begann die Gläser zu putzen.
Der Student griff nach seinem Glas; entweder hielt er es

schief oder es war zu voll, denn ein wenig Wasser schwappte über den Rand auf den Schreibtisch. Er stellte das Glas rasch wieder hin und begann, mit Hilfe seines Taschentuchs den Schaden zu beheben. Der Professor schaute zur Decke empor; er hatte seine Brille wieder aufgesetzt. Zögernd begann er zu reden: »*Sylon... A-sylon*. Ein aktuelles Thema. Dies ist eine der guten Gelegenheiten, welche das Studium der Geschichte uns bietet: das Entdecken von...«
»Vergangenheit, Gegenwart und Zukunft«, sagte der Student. Er biß ein Stück von seinem Plätzchen ab und hätte sich beinahe verschluckt.
»Ob man die Zeit jemals wirklich einfangen kann?« fragte sich der Professor gedankenverloren.
Der Student sagte nichts, er kaute mühsam auf seinem Plätzchen herum. Einfangen? Ja natürlich, dachte er. Sie müßten wissen, daß...
Der Professor wandte sich ihm zu. »Nun aber zur Sache. Um gleich damit zu beginnen: Ihr letztes Skriptum...« Er suchte in seinen Papieren. »Darin stehen einige interessante Passagen. Allerdings bin ich der Meinung, daß...«
Das große, altertümliche Telefon begann zu klingeln.
»Entschuldigen Sie bitte.« Der Professor nahm den Hörer ab.
»Hallo«, sagte er, schwieg dann und runzelte die Stirn. »Es tut mir leid«, sagte er schließlich, »aber ich habe jetzt keine Zeit. Ich muß eine Prüfung abnehmen. Rufen Sie bitte ein andermal an! Auf Wiedersehen.« Er legte den Hörer auf die Gabel zurück und fuhr fort: »Also zu Ihrem Skriptum. Zu Beginn möchte ich Ihnen ein paar Fragen stellen.«
Das Telefon klingelt erneut.
Warum hat er das dumme Ding auch hierher gestellt? dachte der Student verärgert. Echt beruhigend, notabene!

Er will mich etwas fragen. Was habe ich in diesem letzten Skriptum auch wieder geschrieben?
Er griff nochmals nach seinem Glas, nahm einen kräftigen Schluck und spülte damit den letzten Rest des Plätzchens in seinem Mund hinunter.
Der Professor hielt den Hörer ans Ohr, lauschte kurz und fragte dann laut: »Wie bitte« Unverständliches Gemurmel am anderen Ende.
Der Student trank sein Glas leer.
»Unsinn! Das kann...« begann der Professor ungeduldig, ja sogar ein wenig böse. Er schwieg eine Weile und sagte dann energisch: »Purer Unsinn!« Danach legte er mit einer ebenso energischen Geste den Hörer auf. »Bitte verzeihen Sie diese Unterbrechung«, sagte er zu seinem Studenten. »Man hat mir geraten, ich solle mir so einen Apparat anschaffen, einen Telefonbeantworter. Aber ich mag solche Dinger nicht.«
Wieder begann das Telefon zu läuten. Der Student stellte sein Glas zurück. Ihm war ein wenig übel; vielleicht hatte er zu hastig getrunken.

Der Professor schien nun wirklich erbost zu sein. »Soll er nur anrufen – wir machen einfach weiter.«
Bei diesem infernalen Geräusch kann ich nicht nachdenken, dachte der Student. Konzentrier dich endlich! befahl er sich selbst. Aber das ständige Geklingel verwirrte ihn stets mehr, so daß ihm ein Seufzer der Erleichterung entfuhr, als der Professor endlich den Hörer abnahm. Vielleicht wird er aus wichtigen Gründen weggerufen, dachte er, vielleicht wird die Prüfung aufgeschoben... Dies war das Einzige, was er sich noch wünschen konnte.
»Ja?« sagte der Professor, und dann: »Nein.«
Der Student bemühte sich vergebens zu verstehen, was am anderen Ende gesagt wurde. Gleichzeitig zerbrach er sich den Kopf, wie er unbemerkt den Rest seines Plätzchens verschwinden lassen könnte.
Der Professor lauschte stirnrunzelnd. Der ärgerliche Ausdruck war aus seinem Gesicht verschwunden. »Hören Sie, ich verstehe nicht...« versuchte er, das Gespräch zu unterbrechen. Nach kurzem Schweigen sagte er in strengem Ton: »Gut, ich gebe Ihnen *eine* Minute Zeit! Jetzt muß mein Student – der Herr Jan A, verstehen Sie mich? – schon wieder warten. Ich habe die Verabredung mit ihm sowieso schon verschieben müssen.« Kurz darauf fragte er, offensichtlich erstaunt: »Woher wissen Sie das?« Dann hörte er wieder zu, tickte mit seinem Füller auf den Tisch und sagte gereizt: »Ausgeschlossen. Ich kenne ihn seit gut einem Jahr, und in diesem Moment...« Er schwieg abrupt. Seine Augen suchten den Studenten.
Dieser hatte sein Plätzchen neben das leere Glas gelegt; er hatte die Krümel von den Fingern gewischt und zerknüllte nun sein Taschentuch in den schwitzenden Händen. Als er den Blick des Professors bemerkte, stopfte er hastig das

Taschentuch in die Hosentasche und versuchte, rasch auf seine Armbanduhr zu schauen. Doch mit einem Schock fuhr sein Kopf wieder empor, weil der Professor plötzlich laut und in scharfem Ton sagte:
»Das ist verständlich. Sie verplempern *seine* kostbare Zeit!«
Zum Glück meint er mich nicht, dachte der Student. Kostbare Zeit – allerdings! Er schielte nochmals auf seine Uhr. – Halb zehn. Wie spät ist es dann jetzt? Er zog die Uhr mit bebenden Fingern auf und erschrak erneut, als der Professor rief:
»Jetzt reicht's aber!« Es schien jedoch, als spräche der Anrufer immer noch ins Telefon. »Zur Sache bitte.« Kurz danach legte er den Hörer auf. »Herr A«, wandte er sich an den Studenten, »darf ich Sie etwas fragen?«
»Natürlich, Herr Professor, gerne«, sagte der Student. »Um auf asylon zurückzukommen, dieses griechische Wort bedeutet wörtlich übersetzt...«
»Wie spät ist es?« fiel ihm der Professor ins Wort.
»Wie was? Äh, fünf Uhr... nein, vier... kurz nach fünf«, antwortete der Student. »Sorry, entschuldigen Sie bitte... Viertel nach fünf?«
»Ich meine auf Ihrer Armbanduhr!« sagte der Professor ungeduldig.
Der Student merkte, daß er die Uhr mit dem Zifferblatt nach unten anhatte. Erst nach einigem ungeschickten Gebrassel konnte er Antwort geben: »Zwei Minuten nach halb

zehn.« Er schluckte kurz und sagte dann zu sich selbst: Vermutet er etwas? Aber das ist doch unmöglich. »Sie geht nach«, sagte er laut.
»Wissen Sie das ganz sicher? Sie könnte genausogut vorgehen«, lautete der Kommentar des Professors. »Es sei denn, sie steht.«
»O nein, sie ist nicht stehengeblieben. Die Zeit bleibt niemals stehen«, meinte der Student.
Der Professor fiel ihm schon wieder ins Wort. »*Asylon*: Zufluchtsort, Freistatt, Asyl, selbst für...« Jetzt war *er* derjenige, der unterbrechen mußte.
Das Telefon klingelte zum soundsovielten Mal. Dieses Biest! dachte der Student. Das Ding kam ihm plötzlich wie ein lebendes Wesen wor: ein bösartiges Plastik- und Messing-Monster.
»Hört es denn überhaupt nicht mehr auf?« brummelte der Professor. Trotzdem nahm er den Hörer ab. »Hallo?«
Zufluchtsort, Asyl... aber nicht für mich! dachte der Student. Er ließ seine Uhr immer wieder von neuem um sein Handgelenk kreisen. – Halb zehn durch. Dann muß es hier jetzt Viertel nach fünf sein... nein, später, fast halb sechs. Mein alter ego kommt nicht mehr – er läßt mich ganz einfach sitzen. Nein, er ist nicht hier, weil er nicht hier sein kann. Schließlich bin *ich* schon hier...
»Aufschub?« sagte der Professor gedehnt.
Vielleicht bekomme ich doch noch eine Galgenfrist, dachte der Student. Es ist sicher irgend etwas los. Streit zwischen Professoren. Probleme innerhalb der Fakultät. Jawohl, Herr Professor, Sie dürfen mich ruhig wegschicken, am liebsten so rasch als möglich. Dann kann ich nämlich zu *meinem* Zufluchtsort zurück: zu einer Zeitmaschine. Ich habe dann noch den ganzen Dienstagabend, die Nacht und auch noch

den Mittwochmorgen, um mich in das *Asylrecht* zu vertiefen.
»Nichts?« fragte der Professor. »Solch ein unsinniges Gespräch habe ich noch nie im Leben geführt. Einen Augenblick bitte...« Er nahm den Hörer vom Ohr, legte eine Hand auf die Sprechmuschel und fragte den Studenten: »Was wissen Sie? Nichts? Oder doch etwas?«
»Was ich weiß?« stammelte der Student. Diese Frage hatte er nicht erwartet. »A-sylon. Morden und Plündern nicht erlaubt. Sicherheit. Zufluchtsort für wen auch immer: Fremdlinge, Feinde, geflüchtete Sklaven, vertriebene Fürsten. Jeder...«
»Barbaren. Sogar Betrüger«, nickte der Professor. »Hier bin ich wieder«, sprach er in den Hörer.
Wie barbarisch, wie unhöflich, mich immer wieder warten zu lassen, dachte der Student, plötzlich erbost. Sein Uhrarmband riß entzwei, so daß die Uhr auf den Boden fiel. Er bückte sich, um sie aufzuheben.
»Es stimmt!« sagte der Professor erstaunt.
Der Student stieß mit dem Kopf gegen die Unterseite des Tisches; er richtete sich auf und sah dem Professor geradewegs ins Gesicht. – Warum sieht er mich so merkwürdig an? Ich habe ihm doch nichts getan?
Der Professor schaute weg und sagte kurz und bündig ins Telefon: »Ich muß überhaupt nichts!« Dann sah er wieder den Studenten an und lächelte ganz unvermutet, ehe er weiter sprach: »Erklären Sie mir das bitte genauer. Und zwar schnell!« Kurz darauf sagte er ärgerlich: »Das haben Sie mir schon mal erzählt. *Was* wissen Sie denn?« Sein Gesichtsausdruck spiegelte Erstaunen, dann Bestürzung und schließlich Wut. »Das ist der Gipfel!« rief er und knallte den Hörer auf die Gabel. »Ich... Na ja, den sind wir los.« Er starrte noch

eine Weile mißmutig auf den Apparat und legte dann den Hörer daneben. »So! Jetzt kann uns keiner mehr stören.«
Also doch keine Galgenfrist! dachte der Student.
Aus dem Hörer kam leise, aber deutlich, ein nervtötendes Geräusch: das Amtszeichen.
Der Professor drehte seinen Füllhalter auf und sagte: »Ihren Namen und Ihr Geburtsdatum bitte.«
Der Student zog erstaunt die Augenbrauen hoch. Diese Angaben hatte sein Lehrmeister doch längst vorliegen!
»Reine Formalität«, sagte der Professor, während er den Füller schreibbereit über ein leeres Blatt Papier hielt. »Jan A. Keine Geschwister?«
»Was soll das denn?« fragte der Student. »Ich sitze doch hier wegen eines Examens, und nicht wegen Kindergeld oder Studienbeihilfe?« Er schwieg erschrocken; zweifellos würde der Professor seine Antwort ziemlich ungehörig finden.
In die Stille hinein, die folgte, klang nun ätzend deutlich der immer wieder unterbrochene Ton des Besetztzeichens.
»Sind Sie der einzige Sohn? Haben sie keine Brüder?« fragte der Professor.
Der Student sagte nichts; er lauschte auf das *tut-tut-tut*, das aus dem Hörer kam und erwartete halb und halb, daß gleich eine mechanische Frauenstimme zu sprechen beginnen würde: *Bitte warten, bitte warten...*
»Zwei«, sagte der Professor.
Der Student sah ihn erschreckt an.
»Ich meine *Punkt* zwei«, sagte der Professor. Er blickte auf seinen Notizblock nieder. Er hatte weder einen Namen noch ein Datum darauf geschrieben: statt dessen standen Schnörkel, Nullen und alle möglichen Kritzeleien darauf. Jetzt zeichnete er Spiralen dazwischen.

Dies geschieht nicht in Wirklichkeit, dachte der Student. *Ich bin außerhalb der Zeit. Formalzeit. Wer hatte mir das auch wieder gesagt?*
Der Professor hob den Kopf... Nicht mehr böse... Verlegen? fragte sich der Student. Nein... Oder etwa doch? Mißtrauisch? Der Professor fragte: »Können Sie sich ausweisen?«
Der Student legte seine Uhr neben das angeknabberte Plätzchen. *Ausweisen? Ich weiß kaum mehr, wer ich bin, und jetzt soll ich beweisen, daß ich bin, der ich bin.* Er suchte in sämtlichen Taschen, bevor er seine Brieftasche fand. »Hier ist mein Führerschein«, sagte er. »Genügt das?«
Der Professor winkte mit der Hand, er könne ihn wieder einstecken. »In Ordnung«, sagte er. Dann verwandelte er sich in einen Examinator.
»In Ihrer letzten Arbeit«, begann er, »haben Sie auf ein paar wichtige Zusammenhänge hingewiesen. Allerdings neigen Sie dazu, sich von Ihrer Phantasie mitreißen zu lassen. Oder soll ich es Ihre künstlerische Ader nennen? Zum Beispiel:

eine Anzahl überflüssiger Kommentare und unbeweisbarer Schlüsse, was den Altar von Athen betrifft.«
»Athen«, wiederholte der Student. Was hatte er darüber geschrieben? Wollte der Professor auf die Göttin Athene hinaus, oder auf den Stadtstaat Athen, oder vielleicht auf beides?
»Nach dem mißglückten Staatsstreich von Cylos«, fuhr der Professor fort, »suchten seine Anhänger Zuflucht in...«
»Sechstes Jahrhundert vor Christi Geburt«, sagte der Student, der froh war, sich an etwas zu erinnern.
»Es war das Jahr 630 vor Christus«, sagte der Professor.
»Genau! Das meinte ich auch«, sagte der Student.
»Also das *siebte* Jahrhundert vor Christus«, sagte der Professor kühl.
»Ja, stimmt. Natürlich, Herr Professor. Asylon bedeutet...«
»Was das bedeutet, wissen wir beide recht gut, Herr A! Solch ein Zufluchtsort ist ebenso alt wie unsere Kultur. Wer *asylon* schändete, wurde von den Göttern bestraft.«
»Griechenland«, murmelte der Student. »Und Rom.«
»Rom. Sie haben über Romulus geschrieben, als ob der wirklich existiert habe. Erzählen Sie mal etwas über das römische *asylum* zwischen den beiden Hügeln des Kapitols. Wie hat sich Livius darüber geäußert?«
Ich habe es gewußt – und jetzt habe ich es vergessen, sagte der Student zu sich selbst. Er starrte auf den Telefonhörer – schwarz und grellgelb. Er horchte auf das eintönige Tuten: *besetzt besetzt besetzt.*
»Es war der erste Schritt zu Roms künftiger Größe«, klang die Stimme des Professors von weit her. »Eines der Fundamente unserer Zivilisation...« Er sagte noch mehr, aber das meiste drang kaum zu dem Studenten durch, bis dieser eine Frage hörte:

SCRIPTUM
Führerschein
Klasse 3
für
IN BLOCKSCHRIFT AUSFÜLLEN
ANTRAGSFORMULAR
Name
Straße
Lesen Sie bitte erst die
TUUT
LIVIUS
Recht auf Asyl nicht respektierte,
konnte damit rechnen, früher oder
später den Zorn der Götter auf sich zu
laden.

»Ein Ort der Sicherheit für Freunde, für Flüchtlinge, für Feinde... Haben Sie Feinde, Herr A?«
Der Student geriet noch mehr aus dem Häuschen, auch wenn er sich bemühte, achtlos zu antworten: »Feinde? Ich? Nicht, daß ich wüßte, Herr Professor.«
»Auch nicht einen bestimmten Feind? Irgend jemand, der nicht will, daß Sie dieses Examen bestehen?«
Der Student erstarrte. Er wußte nichts zu sagen.
Der Professor schien das störende Telefongetute endlich auch zu hören, denn er legte den Hörer auf die Gabel zurück. »Ich habe den Eindruck, daß Sie zu einsilbig sind«, sagte er. »Sie sollten sich mehr ins Studentenleben stürzen. Kontakte suchen, Diskussionen, und sich nicht in Zufluchtsorte zurückziehen. Sie studieren Geschichte – das ist schön und gut. Bleiben Sie aber trotzdem – oder besser: gerade deswegen – ein Kind Ihrer Zeit! Ich bin Historiker; aber auch ich sage mir ab und zu: die Zukunft ist wichtiger als die Vergangenheit.«

»Wie kommen Sie darauf?« fragte der Student flüsternd. »Was wissen Sie von...«
»Lassen Sie uns zuerst einmal dahinterkommen, was *Sie* wissen«, sagte der Professor. »Das Asylrecht in La Citta Eterna in Rom, der Ewigen Stadt. Ich erteile Ihnen das Wort.«
Der Student wußte jedoch kein einziges Wort zu finden. Irgendwo glaubte er das Ticken einer Uhr zu hören... (*bestimmt* eine zeigerlose Uhr). Er nahm seine Armbanduhr und steckte sie in die Hosentasche; er traute sich nicht mehr, einen Blick darauf zu werfen.
»Solch ein Zufluchtsort konnte alles mögliche sein«, sagte der Professor. »Ein umzäuntes Gebiet, ein heiliger Wald, Tempel... Kloster, Kirche...« Er schwieg; seine Miene drückte Erwartung aus.
»Oder ein Konsulat, eine Botschaft«, brachte der Student mühsam heraus.
Der Professor ließ einen ungeduldigen Seufzer hören. »Denken Sie an Paragraph drei Ihrer Arbeit«, sagte er. Seine Stimme klang nun nicht mehr wohlwollend.
Durchgefallen, dachte der Student. »Ich bin derselben Ansicht wie Sie«, begann er, »daß die Zukunft wichtiger ist als die Gegenwart... ich meine, als die Vergangenheit.«
»Unser Thema ist das *Asylrecht*«, sagte der Professor. »So war es jedenfalls beabsichtigt. Würden Sie also bitte historische Verbindungen von der Vergangenheit bis in die Gegenwart durchziehen?«
»Aber was verstehen Sie unter *Gegenwart*?« fragte der Student. »Was ist der Unterschied zwischen heute, gestern und morgen? Befinde ich mich im *Heute* oder in der *Zukunft*? Kann Asyl auch eine Zeitmaschine sein?«
Vor Schreck biß er sich beinahe auf die Zunge.

Noch keine halbe Stunde später stand er draußen. Tatsächlich durchgefallen. Mit Pauken und Trompeten.
Meine Schuld ist es nicht, dachte er. Ich bin von gestern; ich *mußte* einfach durchfallen. Doch, es ist wohl meine Schuld. Ich hätte nie in diese Zeituhr steigen dürfen.
Zum soundsovielten Mal überlegte er, wo sich sein alter ego jetzt befinden könnte. Eine beängstigende Erklärung kam ihm plötzlich in den Sinn: Er ist nur deswegen nicht aufgetaucht, weil er nicht besteht. Weil er nicht mehr existiert! Vielleicht ist ihm etwas zugestoßen, zwischen gestern und... wann?
Er begann zu laufen, zurück zum Haus des Uhrmachers.

14
MITTWOCH
14
MITTWOCH
14
MITTWOCH
14
MITTWOCH
13
DIENSTAG
MITTWOCH
13
DIENSTAG

Sechs

Die Haustür war nur angelehnt, und als der Student hineinging, stieß er mit dem Uhrmacher zusammen.
»He, hoppla«, rief dieser. »Jetzt renn mich nicht auch noch um.« Er stemmte sich mit beiden Händen gegen den Brustkorb des Studenten und ließ ihn nicht durch.
Der junge Mann wich einen Schritt zurück. »Sorry«, begann er, »ich, hm, äh...«
»Ich? Du? Wer denn nun?« fragte der Uhrmacher. Er ließ die Arme sinken und sah den Studenten stirnrunzelnd an. »Heute ist Mittwoch«, sagte er. »Das behaupte ich. Und was sagst du? Was hast du mit dem Dienstag gemacht?« Seine Stimme klang vorwurfsvoll, aber es lag auch noch etwas anderes darin. Jedenfalls kein Erstaunen.
»Es t-t-tut mir leid«, stotterte der Student. »Ja, es tut mir wirklich leid.«
»Was hast du *am* Dienstag gemacht? So ist es vielleicht besser ausgedrückt«, sagte der Uhrmacher. »Aber das war gestern. Was hast du heute gemacht, am Mittwoch?« Er stemmte die Hände in die Hüften. »Meine Zeituhr steht in der Werkstatt. Eingestellt auf Viertel vor fünf – 16.45Uhr – nachmittags. Jetzt ist es beinahe sechs – 18Uhr.«
»Es tut mir leid«, sagt der Student nochmals. »Ich werde zurückgehn. Ich kehre sofort zurück nach...«
»Nach *einer* Minute nach neun – 21.01 – gestern abend?« fragte der Uhrmacher. Er stand noch immer genau vor dem

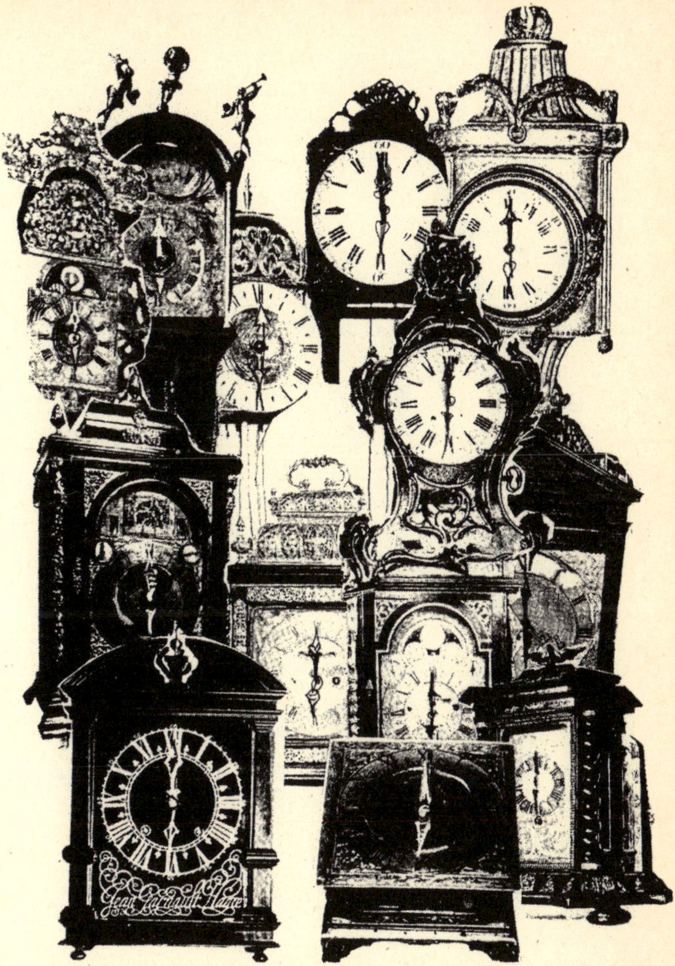

Studenten, so daß dieser nicht an ihm vorbei konnte. »Und was, junger Mann, hast du mir zu sagen über die Zeit zwischen einundzwanzig Uhr eins am gestrigen Dienstag (er schaute kurz auf seine Armbanduhr) und zweiundeinhalb Minuten vor sechs, beziehungsweise 17 Uhr, 57 Minuten und 30 Sekunden am heutigen Mittwoch?«
Er ging einen Schritt zurück und ein bißchen nach rechts, wodurch der Student immer noch nicht an ihm vorbeikam. »Nichts zu erzählen?« fuhr er fort. »Nun, ich um so mehr. Die ganze Zeit über habe ich voller Angst und Sorge gewartet, bis...« Er trat plötzlich zur Seite.
»Geh nur, zur Werkstatt. Besieh dir meine Uhr. Aber: Wehe dir und deinen Knochen, wenn du sie anfaßt!«
Sobald sie in der Werkstatt waren, zog der Uhrmacher mit einem Knall die Tür hinter sich zu. Der Student blieb regungslos stehen, nur seine Knie zitterten ein bißchen. Er blickte auf die Zeituhr. Im Innern glänzten matt ein paar grüne Lämpchen. Er hörte, stets aufdringlicher, das Ticken der anderen Uhren. Sie schienen ihn allesamt streng anzustarren. Ihre Zeiger verwandelten sich in Ausrufezeichen. Dann begannen sie zu schlagen.
»Sechs Uhr«, sagte der Uhrmacher.
Überflüssige Mitteilung, dachte der Student. Und die Zeiger sind auch keine Ausrufezeichen. Erst um zwölf Uhr, dann...
Seine Knie zitterten plötzlich so sehr, daß er fürchtete, sie würden ihm den Dienst versagen. Er bewegte sich auf den Stuhl zu, der ihm am nächsten stand, und schaffte es gerade noch rechtzeitig, sich hinzusetzen.
»Zeitvertreib oder Zeitverschwendung?« sagte der Uhrmacher. Es klang wie eine Frage.
Doch nicht an mich? dachte der Student.
»Meine Güte, Junge, du siehst aus wie ein Geist«, sagte der

Uhrmacher. »Das ist nun auch wieder nicht nötig; es ist noch keine zwölf Uhr. Sollte nur ein Witz sein. Ich meine die Geisterstunde, Mitternacht. Null Uhr null. Obwohl... wäre es nur schon Donnerstag! Aber erzähle erst mal von Dienstag.«
Der Student schloß die Augen und sagte: »Ich habe eine Zeitreise unternommen. Ich wollte nur für eine Viertelstunde in die Zukunft sehen – echt wahr.« Er hörte den Uhrmacher umherlaufen, und dann das Klirren von Glas und Geknister von Papier. Das Telefon klingelte. Er zitterte am ganzen Leib. »Es lief völlig anders, als ich erwartet hatte«, sagte er. »Das Telefon!«
»Ruhig klingeln lassen«, sagte der Uhrmacher. – »Es ist Mittwoch, und außerdem sechs Uhr durch. Die Werkstatt ist geschlossen.«
Als das Telefon schwieg, sagte der Student: »Ich bin durchgefallen.« Er machte die Augen wieder auf.
Der Uhrmacher stand vor ihm, mit einem gefüllten Glas und einer Schale. »Hier, trink«, sagte er. »Und nimm dir auch ein paar Chips, sonst steigt dir der Alkohol in den Kopf.«
Der Student gehorchte. Er trank das Glas in einem Zug leer; selten hatte ihm Alkohol so gut geschmeckt.
Der Uhrmacher schenkte ihm nochmals ein, nahm sich dann selbst auch ein Glas und zog einen Stuhl herbei. »Erzähl weiter«, befahl er.
Der Student tat es.

»Hast du auch nichts verschwiegen?« frage der Uhrmacher eine Weile später. »Nein? – Das war also deine ganze Geschichte... Und nun möchtest du natürlich zurück nach gestern abend neun Uhr – um dann zu beschließen, *nicht* in meine Zeituhr zu steigen, damit all das, was du mir erzählt

hast, eine Geschichte wird, die nicht wirklich passiert ist.«
»Nicht passieren wird«, sagte der Student.
Über den Rand seines Glases (mittlerweile zum zweiten Mal gefüllt) schaute ihn der Uhrmacher mit ernster Miene an.
»Du nimmst also an, daß ich damit einverstanden sein werde, daß du noch einmal meine Erfindung benutzt?«
»Ich... Ja. Nein. Entschuldigung«, sagte der Student unsicher. »Was ich getan habe, war total falsch. Idiotisch. Der Zweck war es nicht wert.«
»Ach ja, richtig, dein Examen«, nickte der Uhrmacher. »Und trotzdem willst du die Zeit zurückdrehen. Weil du heute durchgefallen bist? Wer sagt dir denn, daß du...«
»O nein, nicht nur deswegen!« unterbrach ihn der Student. »Vor allem, weil...«
»Weil es dir zu verworren geworden ist?« fragte der Uhrmacher. »Weil es dir über den Kopf gewachsen ist?«

»Ich habe ein Stück meines Lebens verloren«, sagte der Student. »Ich will meine Zeit wiederhaben – die Zeit zwischen gestern abend und jetzt, die möchte ich erleben. *Wo ist mein alter ego?* Oder bin ich das selbst?«
Der Uhrmacher schaute zur Decke empor. »Jetzt bin ich an der Reihe, zu erzählen«, sagte er. »Gestern, als ich von meinem Abendspaziergang nach Hause kam, war meine Zeituhr aus der Werkstatt verschwunden.« Er blickte nun wieder den Studenten an. »Auch du warst nicht da... nicht hier, nicht in deinem Zimmer, nirgendwo im ganzen Haus. Der logischste Schluß, den ich daraus ziehen konnte, war... Ja! Du verstehst mich. Du hast mich ganz schön in Angst und Schrecken versetzt. Ich hatte ja keine Ahnung, nach wann du gereist warst – ich konnte nichts anderes tun als warten. Stunden und Stunden. Eine lange Zeit.«
Die Uhren in der Werkstatt tickten laut. Der Student fühlte sich erneut ziemlich angeschlagen. Der Uhrmacher fuhr fort: »In der vergangenen Nacht habe ich kein Auge zugetan... Ach, ich will mich kurz fassen. Heute nachmittag, um Viertel vor fünf, erschien sie wieder hier in der Werkstatt meine Uhr. Aber es stieg niemand aus, also...« Er nahm einen kräftigen Schluck aus seinem Glas und sagte: »Also machte ich sie auf. Leer! Die Zeit, die gestern als Reiseziel eingegeben war, lautete sechzehn Uhr fünfundvierzig, also Viertel vor fünf, am Mittwochnachmittag. Als dieser Zeitpunkt hier in Wirklichkeit erreicht war, war die Uhr tatsächlich wieder hier; meine Apparaturen arbeiten also zuverlässig...«
Er sah den Studenten stirnrunzelnd an. »Eine Frage. Als du am Mittwochnachmittag um Viertel vor fünf aus der Zeituhr stiegst, befand sich da irgend jemand in der Werkstatt?«

»Nein, das hab' ich Ihnen doch erzählt«, antwortete der Student.

»Ja natürlich. Und *ich* erzähle dir jetzt, daß *doch* jemand in der Werkstatt war, als sich meine Uhr hier am Mittwoch um sechzehn Uhr fünfundvierzig materialisierte. *Ich* nämlich! Und die Uhr war leer; niemand stieg aus ihr heraus. *Zweimal derselbe Zeitpunkt* – Mittwoch, 16.45 Uhr –, *und zwei verschiedene Wirklichkeiten.* Beide wahr – *und das ist doch unmöglich!*«

Der Student öffnete den Mund und schloß ihn wieder.

Der Uhrmacher stand auf. Er sagte: »Das kann und das darf nicht sein. Am liebsten würde ich dir alle Zeitreisen für immer verbieten; aber du hast recht, du wirst noch *eine* machen müssen. Und nicht nur aus diesem Grund. Zurück nach gestern abend, bevor du diese unselige Idee in die Tat umgesetzt hast!«

»Ja, unselig, das stimmt«, sagte der Student, während er sich ebenfalls erhob, »aber trotzdem könnten Sie auch eine gute Seite an ihr entdecken. Es ist nun erwiesen, daß Ihre Erfindung funktioniert.«

»Ich wollte sie aber erst testen, nachdem ich alle möglichen Begleiterscheinungen durchdacht hatte«, sagte der Uhrmacher. »Nicht auf diese wahnsinnig impulsive Art, wie du es gemacht hast. Aber gut – normalerweise kann man getane Dinge nicht rückgängig machen; in diesem Fall hoffe ich doch, daß es geht.« Er ging zur Uhr hinüber.

»Wie spät war es, als du gestern abend hier in die Werkstatt kamst?«

»Kurz vor neun«, antwortete der Student. »Ungefähr drei oder vier Minuten davor... Die Uhr war offen... Ich betrachtete sie gerade, als die anderen Uhren anfingen, neun Uhr zu schlagen.«

»Gut. Ich gehe auf Nummer Sicher und stelle sie auf fünf vor neun ein... Dienstagabend, zwanzig Uhr fünfundfünfzig.« Der Uhrmacher drückte die entsprechenden Tasten. »Du reist zurück, verläßt unmittelbar nach der Ankunft die Uhr und läßt sie offenstehen. Geh zur Tür, komm dann wieder hier herein und versuche, dich genauso zu benehmen wie gestern. Warte, bis es neun Uhr geschlagen hat und... Was hättest du getan, wenn du diese verrückte Idee *nicht* ausgeführt hättest?«
»Ich glaube, ich hätte ein bißchen frische Luft geschnappt.«
»Gut. Dann gehst du also ein Stückchen spazieren. Marsch aus dem Haus, sobald es neun Uhr geschlagen hat. So wirst du wieder dein normales Selbst von Dienstag sein, das...«
»Das was?« fragte der Student. »Falls die Zeit tatsächlich zurückdreht, werde ich mich dann überhaupt an irgend etwas von heute erinnern?«
»Eine schlaue Frage! Die Antwort bekommst du am Dienstag, um fünf vor neun. Du wirst dich auf jeden Fall an die zweite Zeitreise erinnern. Du wirst die Werkstatt ja durch die Tür meiner Uhr betreten, und nicht, wie beim erstenmal, durch die Tür vom Flur aus.«
»Soll ich denn überlegen«, fragte der Student, »wie ich in die Uhr gekommen bin, oder soll...«
»Pssst! Es wird ein nicht zu korrigierender Unterschied bestehen zwischen der Situation jenes anderen... und dem gleichen Dienstagabend. Wollen wir hoffen, daß diese winzige Abweichung keine unvorhersehbaren Folgen haben wird. Ich wünschte, ich wäre ganz sicher, daß deine Reise von Dienstag zum Mittwoch restlos annulliert werden wird.«
»Aber...« begann der Student.
»Kein wenn und aber«, fiel ihm der Uhrmacher ins Wort.

»Moment mal, hattest du gestern deinen Anorak an?«
»Nein, den habe ich erst später angezogen...«
»Dann zieh ihn aus, gib ihn mir und steig ein«, sagte der Uhrmacher. »Vielleicht bist du hier schon zu lange gewesen. Rasch, beeil dich! Zurück!«
Der Student betrat die Zeituhr. Als er auf der Bank saß, bekam er plötzlich Angst, auch wenn er sie sich nicht anmerken ließ. Examensangst war nichts im Vergleich zu dieser Angst. Er sagte: »Ich möchte erst noch einmal gut nachdenken über...«
»Keine Zeit!« rief der Uhrmacher.
»...über mein alter ego«, sprach der Student hastig weiter. »Jetzt sitze ich zwar hier, aber...«
»...und du bleibst sitzen, wo du sitzt«, sagte der Uhrmacher.
»Denk an den Retour-Schalter. Gute Reise!«
Dann schlug er die Tür zu.

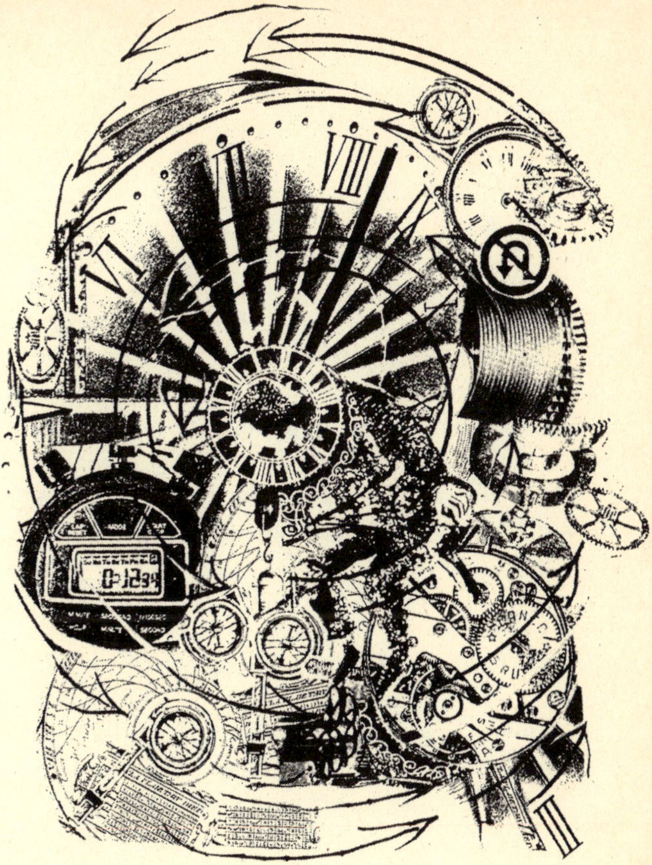

Sieben

Sobald der Student den Retour-Schalter betätigt hatte, wich der blaßgrüne Schimmer der spärlichen Lampen dem Flimmern und Flackern vieler Lichter – ein ihm wohlbekannter Anblick. Die Uhr begann zu vibrieren, die Zahnräder und die anderen Rädchen setzten sich in Bewegung, und es tickte überall, stets lauter. Es war genauso gräßlich wie während der ersten Reise: das Gefühl, mit einer nicht meßbaren Geschwindigkeit durch ein endloses Nichts zu fliegen, ohne oben oder unten. Die Übelkeit und der Schwindel nahmen zu, als er sah, daß sich sämtliche Zeiger falsch herum drehten... Logisch, dachte er, während er die Augen zukniff. Dem normalen Laut der Zeit entgegengesetzt.
Er hatte den Eindruck, daß die Schwingungen stärker waren als bei der vorigen Zeitreise, und daß das Ticken manchmal stoßartig und ein wenig unregelmäßig klang. Wie schwer mußte die Uhr wohl arbeiten, um die Zeit zur Umkehr zu zwingen; würde sie es schaffen? Schaffen wir es?
Plötzlich hörten alle Geräusche auf. Auch keine einzige Bewegung war mehr zu spüren. Der Student schluckte den Kloß herunter, der ihm im Hals steckte, ehe er die Augen öffnete. Er saß wieder im vagen grünen Schein der spärlichen Lichtquellen. Doch auf der Leuchttafel über dem Armaturenbrett stand triumphierend der gewünschte Zeitpunkt:
Dienstag, fünf vor neun. Es ist geglückt!

Er erhob sich mit einigem Gepolter, stieß die Tür auf und erschrak.

Die Werkstatt war stockdunkel.

Das einzige vorhandene Licht stammte von den grünen Lämpchen in der Zeituhr – zu wenig, um erkennen zu können, wie spät es auf den normalen Uhren war; er hörte sie deutlich ticken. Weshalb brannte kein Licht? War er doch nicht in der richtigen Zeit angekommen?

Er kämpfte gegen Angst und Panik. »Es ist auf jeden Fall *nach* sechs Uhr«, sagte er laut vor sich hin. »Entweder Abend oder Nacht.« Plötzlich fiel ihm seine Armbanduhr ein, die er in eine seiner Hosentaschen gesteckt hatte. Die matt leuchtenden Zeiger wiesen jedoch eine Zeit aus, die ihn – so durcheinander, wie er war – keineswegs klüger machte... »Da muß ich wohl eine Periode von gestern, nein, von morgen, von Mittwoch hinzuzählen... oder abziehen... Mittwoch! Ich erinnere mich an *alles*, habe nichts vergessen. Dies idiotische Examen...«

Er blickte in die Zeituhr. Auf der Anzeigetafel stand noch immer 20.55; das half ihm nicht weiter. Dann tastete er sich bis zur Tür. Er fand den Lichtschalter und drückte darauf. Es blieb dunkel.

* Angenommen, der Student hat am Mittwoch, um viertel vor sieben (18.45), seine Rückreise angetreten. Welche Zeit, lieber Leser, muß jene Uhr dann anzeigen? (Anmerkung des Bibliothekars der Januarischen Botschaft).

Nur nicht erschrecken, ermahnte er sich, während er noch ein Weilchen mit dem Schalter spielte. Vielleicht sind die Glühbirnen kaputt.

Mittlerweile konnte er einige Zifferblätter unterscheiden, und er meinte sogar ein paar Zeiger zu sehen. – Fast neun Uhr? Wirklich? Und was sagen die Uhren und die Wecker in den Vitrinen?

Er schlurfte vorsichtig dorthin und blieb dann abrupt stehen, weil viele Uhren zu schlagen begannen. Er zählte die Schläge:

eins, zwei, drei, vier, fünf, sechs, sieben, acht..., und bei *neun* seufzte er erleichtert und lächelte glücklich.

Was war es auch wieder, was er jetzt tun sollte? Nicht in die Zeitmaschine, *um himmelswillen nein, für nichts auf der Welt* – sondern nach draußen! Nur, gab es nicht *zu viele* Unterschiede zum vorigen Mal? Die Zeituhr noch eingeschaltet – das schwache grüne Licht von stand by – in Betrieb – und alle Lampen aus...

Durchaus möglich, überlegte er, daß ein paar Sicherungen durchgeschlagen sind.

Im Schränkchen mit den Sicherungen, das im Hausflur hing, fand er Streichhölzer und ein Kerzenstümpchen. »Tatsächlich, daran liegt es!« Er suchte nach der Schachtel mit den Ersatzsicherungen, als die Haustür geöffnet wurde.

Der Uhrmacher kam herein und sagte, halb beunruhigt und halb böse: »Was ist denn jetzt schon wieder los? Warum bist du noch nicht aus dem Haus?«

»Und warum kommen Sie jetzt schon nach Hause?« fragte der Student. »Ich muß erst noch neue Sicherungen hereinschrauben. Beinahe alle sind durchgeschlagen. Wahrscheinlich frißt diese Ihre Uhr zuviel Elektrizität. Es ist doch Dienstag, nicht wahr, kurz nach neun?«

»ja, das stimmt. Gott sei Dank stimmt es«, sagte der Uhrmacher und seufzte erleichtert. »Ich sah, daß alle Lampen hinter den Fenstern ausgingen – von weitem, von der Straße aus. Und darum...«

Die Lampen im Gang und in der Werkstatt gingen an. Der Uhrmacher und der Student sahen einander forschend an.
»Wie geht es dir?« fragte der Uhrmacher. »Du siehst etwas mitgenommen aus.«
»Dasselbe kann ich von Ihnen behaupten«, sagte der Student. »Mir geht es ausgezeichnet. Und Ihnen?«
»Auch gut. Und meine Uhr?«
»Meiner Meinung nach ist sie ebenfalls in Ordnung«, antwortete der Student. »Allerdings glaube ich nicht, daß ich sie jemals wieder betreten werde.«
»Soso, das glaubst du«, sagte der Uhrmacher. »Wie raffiniert von dir! Du wirst nämlich auch nie mehr meine Erlaubnis dazu bekommen.«
Sie betraten die Werkstatt. Der Uhrmacher ging schnurstracks auf seine Erfindung zu, untersuchte sie in Eile, stellte sie außer Betrieb und schloß die Tür.
»Ich hätte das Ding nicht offenstehen lassen sollen«, sagte er. »Das vorige Mal... Weißt du...?« Er beendete seine Frage nicht.
»Ich erinnere mich an alles vom vorigen Mal«, sagte der Student, »auch wenn ich Ihnen hier und jetzt gegenüberstehe – auch wenn Ihre Uhr nicht auf der Reise nach morgen ist.«
»An alles? Erinnerst du dich wirklich an alles?«
Der Student antwortete: »Ich erinnere mich an Dinge, die nicht geschehen sind, die niemals geschehen werden, die nicht geschehen *können*.«

93

»Das habe ich schon befürchtet«, sagte der Uhrmacher. »Auch ich erinnere mich an Dinge, die keine Realität mehr sind. Zum Beispiel, daß ich gleich nach Hause komme... und daß du mit meiner Uhr verschwunden bist! Es tut mir leid.«

»Was tut Ihnen leid?« fragte der Student. »Es ist doch alles gut gegangen?«

»Es gefällt mir nicht, Erinnerungen zu haben, die sich widersprechen«, sagte der Uhrmacher. »So etwas ist mir noch nie passiert, weißt du. Ich bin es nicht gewöhnt.«

»Um so mehr ein Beweis, daß Sie eine echte Zeitmaschine erfunden haben«, sagte der Student ermutigend. »Außerdem ist alles eine Sache der Gewohnheit, auch dies hier. Bestimmt! Vermutlich gehört es einfach dazu. Haben Sie nicht von Nebenerscheinungen gesprochen?«

»Mag sein«, erwiderte der Uhrmacher. »Laß uns also nicht weiter klagen, sondern über diese Angelegenheit den Mund halten – einfach das tun, was wir auch sonst getan hätten, und uns so verhalten, als sei nichts Besonderes geschehen. Es *ist* einfach nichts besonderes geschehen. Meine Uhr hat nicht funktioniert. Still! Basta. Du gehst jetzt sofort ein Stückchen spazieren. Und danach... Ich würde sagen: früh ins Bett.«

»Früh ins Bett?« sagte der Student, während er zur Tür ging. »Ich? Ich gehe nie...«

»Du hattest doch bestimmt nicht vor, deine Nase wieder in die Bücher zu stecken?« unterbrach ihn der Uhrmacher. »Das hat doch überhaupt keinen Zweck mehr. Geh von mir aus einen heben, in der Kneipe – laß es ruhig spät werden. Sorge nur dafür, daß du morgen frisch und ausgeruht bist.«

Der Student blieb stehen. »Morgen!« sagte er, »morgen! Nein, ich gehe nicht in die Kneipe. Vielleicht sogar doch

früh ins Bett und morgen wieder früh heraus. Nicht die Nase in meine Bücher stecken, nein, nur noch eben mein Gedächtnis auffrischen, was ein einziges Thema betrifft: A...«
»Pssst!« sagte der Uhrmacher.
»Asylon. Asylum. Asylrecht...«
»Meinst du, daß der Professor dich morgen darüber prüfen wird?« fragte der Uhrmacher.
»Es wäre jedenfalls möglich...«
»Es wäre ebenso gut möglich, daß er es *nicht* tut.«
»Na und?« sagte der Student. »Schaden kann es auf keinen Fall. Wenn der Professor morgen nachmittag davon anfängt, dann wird...«
»Ja, wenn!« sagte der Uhrmacher. »Wenn! Es ist mir schließlich egal, aber du kannst dir die Mühe sparen, deinen Vorsatz auszuführen, wenn nicht vorher etwas anderes passiert ist.«
»Wieso? Was denn?«
»Noch ein wenig Asylrecht zu studieren hat nur dann einen Sinn, wenn der Professor dich morgen früh anruft«, sagte der Uhrmacher. »Wenn er morgen dein Examen von vier auf fünf Uhr, oder etwas später, verlegt. Glaubst du, er wird das tun?«
Vielleicht lag es an dem (ausgedehnten) Spaziergang, vielleicht auch an dem (kurzen) Kneipenbesuch, der darauf folgte, oder einfach an der Tatsache, daß er müde war – der Student schlief ein, sobald er im Bett lag, und das war weit vor Mitternacht. Er hatte eigentlich erwartet, keinen Augenblick schlafen zu können. Er träumte. Manche Träume waren undeutlich und sofort wieder vergessen; andere waren wirr und wunderlich, wieder andere täuschend echt.

Er träumte, daß er ohne Zeitmaschine, ganz von selbst, quer über das Meer hinweg an einer fremden Küste landete – weit in der Vergangenheit. Eigentlich hätte er landeinwärts reisen müssen, um als zukünftiger Historiker die Sitten und Gebräuche der Menschen zu studieren, die dort lebten. Statt dessen streckte er sich wohlig am Strand aus. Er war mitten in seinem Traum fast noch einmal eingeschlafen, als ein Telefon störend zu klingeln begann. Anachronismus! Er merkte, daß er sich in irgendeinem Heiligtum befand. Aber das kümmerte den schwarz-schimmernden Apparat des Professors überhaupt nicht. Er klingelte und klingelte und rief ihn zurück-und-zurück-und-zurück ins zwanzigste Jahrhundert. Mit einem Ruck setzte sich der Student auf und merkte, daß es sein Wecker war, der klingelte.
Schon jetzt? Es ist doch noch mitten in der Nacht, dachte er, während er den Wecker abstellte. Es war jedoch Tag, wenn auch früher als gewohnt: sechs Uhr.
Er gähnte und ließ sich wieder zurückfallen – ich kann gut

noch ein bißchen liegenbleiben – und sagte dann zu sich selbst: »Im menschlichen Schädel stecken wohl auch eine ganze Menge Zeitmaschinen.« Er wollte darüber nachdenken, aber über dem Grübeln schlief er wieder ein.
Diesmal hatte er einen gräßlichen Traum: Er hatte es eilig und rannte nach wer-weiß-wo; zum Schluß landete er wider Willen in einer gefährlichen Zeitmaschine, die ihn unter einem enorm großen Zifferblatt zerschmettern wollte. Das

Uhrwerk tickte nicht, sondern klopfte, und zwar stets lauter.[*]

Zum Glück wurde er wach. Das bedrohliche Zifferblatt schrumpfte zusammen, bis es in seinen Wecker paßte – *halb neun* –, und der Uhrmacher klopfte an seine Tür.

»Jan! Jan A, Telefon! Komm schnell, ein Gespräch für dich!«

Der Student stieg aus dem Bett und polterte halb schlafend die Treppe hinunter. Im Flur griff er nach dem Telefonhörer: »Hallo, hier Jan A«, und dann war er sofort hellwach.

Der Uhrmacher stand in der Tür zur Werkstatt und hörte aufmerksam zu. Der Student blickte ihn vielsagend, ja fast triumphierend an, solange das kurze Gespräch dauerte.

»In der Tat, Herr Professor...«

»Nein, natürlich nicht, Herr Professor.«

»Eine Stunde später?«

»Zwischen fünf und halb sechs. Prima!«

»Guten Morgen, Herr Professor. Bis bald.«

Der Student legte auf. »Mein Professor, der Geschichte des Altertums lehrt, hat mein Examen heute nachtmittag auf einen späteren Zeitpunkt verschoben«, sagte er. »Wahrscheinlich haben Sie das schon mitbekommen.«

Der Uhrmacher bewegte die Lippen, aber es kam kein einziger Ton aus seinem Mund.

»Infolgedessen«, sagte der Student, zum erstenmal im Leben frei von Examensangst, »habe ich doch sicher das Recht, ja sogar die Pflicht, das, was ich weiß, zu meinem Vorteil zu verwenden. Ich werde mich bis halb fünf in das verpflichtende Recht auf Asyl vertiefen. Asylon. Asylum. Wie stand

---

[*] Böser Traum, oder Erinnerung an die größte mechanische Uhr in Europa? (Paris-Cergy, St. Christophe).

es damit in Athen? Man denke an Cylon's Staatsstreich: im siebten und nicht etwa im sechsten Jahrhundert vor Christus. Wie dachte Livius darüber bei den Römern? Was ist mit dem Paragraphen drei in meinem Skriptum, in dem ich einige interessante Querverbindungen hergestellt habe, wenn auch mit unbeweisbaren Schlüssen?«
Er lachte dem Uhrmacher fröhlich zu, bevor er die Treppe hinaufstieg, zurück in sein Zimmer. »Ich muß mich bei Ihnen bedanken. Diese Zeitreise war doch nicht für die Katz'.«

Eine halbe Stunde später kam der Student, der sich inzwischen angekleidet hatte, in die Werkstatt. Der Uhrmacher saß auf einem Stuhl neben seiner Zeituhr und blickte stirnrunzelnd auf ein vollgekritzeltes Blatt Papier. Als der Student näher kam, zerknüllte er es und warf es in den Papierkorb.
»Ich dachte, du wärst am Studieren«, sagte er. »Warum mußt du mich schon wieder stören?«
»Sorry«, sagte der Student etwas bestürzt. Bis jetzt war er jederzeit willkommen gewesen. »Entschuldigung, ich bin schon wieder weg!«

»Du bist *nicht* weg, es tut mir leid, bleib bitte hier«, hielt ihn die Stimme des Uhrmachers zurück. »Kann ich irgend etwas für dich tun?«

»Nein, vielen Dank«, sagte der Student ein wenig steif. »Ich wollte Ihnen wirklich nicht lästig fallen.«

»Komm, hör auf mit dem Quatsch«, sagte der Uhrmacher. »Was hast du da in der Hand? Ach, ich sehe schon – deine Uhr!«

»Ja, während dieses, wie soll ich es ausdrücken, dieses ›denkwürdigen‹ Examens ist das Uhrarmband gerissen«, erklärte der Student, während der Uhrmacher erneut die Stirn runzelte. »Später hab' ich es in die Hosentasche gesteckt. Es war nicht kaputt, sondern nur abgerissen; denn gestern abend, nach der zweiten Zeitreise, war es wieder heil.«

Er blickte den Uhrmacher fragend an; der sagte jedoch nichts, sondern streckte nur seine Hand aus, mit der Innenfläche nach oben.

»Die Uhr muß auf dieser Zeitreise stehengeblieben sein«,

berichtete der Student. »Ich habe sie vor dem Schlafengehen aufgezogen und richtig gestellt, und vorhin noch einmal. Aber sie bleibt einfach stehen und tickt nicht.«
»Sie ist natürlich kaputt«, sagte der Uhrmacher. »Kein Wunder – das arme Ding, nach zwei Reisen durch die Zeit! Gib her, ich hoffe, daß ich sie reparieren kann.«

---

* Antwort auf die Frage von Seite 84: 23.01, bzw. eine Minute nach elf. (So stand die Uhr im Augenblick, in dem der Student die Zeituhr verließ).

ΑΣΥΛΟΝ

Acht

»Asylon. Darüber kann ich nun eine ganze Menge sagen«, überlegte der Student nachmittags. »Und was den Rest angeht, so muß man auch ein bißchen Glück haben.« Er überwand einen Anflug von Nervosität, rückte vor dem Spiegel seine Krawatte zurecht und kämmte sich. Er schaute auf den Wecker. – Viertel vor fünf. Mit dem Rad komme ich vielleicht ein bißchen zu früh... Trotzdem, ich mache mich auf den Weg, hier ist doch nichts mehr zu tun.
Während er die Treppe hinabging, dachte er: Verrückte Idee, daß ich mich an mich selbst in der Werkstatt erinnere, um diese Zeit, und daß ich dort gleichzeitig nicht bin und auch nicht dorthin kommen werde.
Er wollte seinen Anorak von der Garderobe nehmen, aber er hing dort nicht, geradesowenig wie der des Uhrmachers. – Wo... ja sicher, er muß in der Werkstatt sein, ich hab' ihn doch gestern abend... Er warf einen Blick auf die geschlossene Tür der Werkstatt. Der Uhrmacher (der ausgegangen war, wie gewöhnlich am Mittwoch) hatte gesagt, daß sie sich beide so verhalten sollten, als hätte die Zeituhr nie gearbeitet. Also nicht hineingehen, entschied er. Ach, es ist ja schönes, sonniges Wetter, und außerdem habe ich einen Pullover an.
Er ging durch die Küchentür nach draußen, zum Schuppen hinter dem Haus, wo sein Fahrrad stand. Dort erwartete ihn ein kleines Mißgeschick: der Vorderreifen war platt. Zum

Glück war kein Loch im Schlauch; nach etwas Gebrassel am Ventil ließ er sich aufpumpen, und das Fahrrad war wieder brauchbar.

Er schätzte, daß es mittlerweile kurz vor fünf sein mußte; aber wenn er schnell fuhr und den kürzesten Weg nahm, konnte er bequem zur rechten Zeit beim Professor sein. Dazu mußte er allerdings ein paar Einbahnstraßenschilder mißachten, aber das tat er nicht zum erstenmal. Also kein Problem.

Kurz vor seinem Ziel, am Ende einer Einbahnstraße, stieg er ab, weil er einen Polizisten durch die Allee fahren sah, in die auch er einbiegen mußte. So ging er das letzte Stückchen zu Fuß, sein Rad an der Hand, und blieb dann plötzlich wie angewurzelt stehen.

Ein Auto, das ihm sehr bekannt vorkam, war in die Allee eingebogen; es fuhr langsam an ihm vorbei und hielt schräg gegenüber vor einem stattlichen alten Haus: dort wohnte der Professor. Dieser stieg höchstpersönlich aus dem Auto, und gleich nach ihm ein junger Mann, der dem Studenten *ganz besonders* bekannt vorkam.

Der Student rang nach Luft. Er glaubte zu wissen,... nein, er wußte mit Sicherheit, wer dieser junge Mann war, wenn er ihn auch nur von hinten sah. Er zog sich ein wenig zurück, um nicht bemerkt zu werden, um diesem anderen nicht ins Gesicht sehen zu müssen. Erst einige Sekunden später traute er sich wieder, nachzuschauen, ob er es sich nicht doch nur eingebildet hatte. Böse und bang, voller Bestürzung, sah er den Professor und den jungen Mann an der Haustür stehen und sich unterhalten; dann gingen sie hinein. Es war unmöglich, aber trotzdem konnte er nicht mehr daran zweifeln: dieser junge Mann war er selbst.

Das kann nicht sein, das darf einfach nicht sein, dachte der Student, während er in rasendem Tempo zurückfuhr. Wenn ich es schon nicht ändern kann, muß ich es verhindern.
Auf halbem Wege sah er eine Telefonzelle. Er bremste abrupt, sprang vom Fahrrad und ging eilends hinein. Er durfte keine Zeit verlieren, keine einzige Sekunde. Sein alter ego mußte aus dem Haus des Professors verschwinden, bevor das Examen beginnen würde.
Ich wünschte, daß ich wüßte, wie spät es genau ist. Unge-

fähr fünf Uhr. Kurz vor fünf? Kurz nach fünf? dachte der Student, während er wie gehetzt im Telefonbuch blätterte. Er fand die Nummer, wählte und hörte, wie die Groschen niederfielen. – Wenn er nur jetzt den Hörer abnimmt!
Von der anderen Seite kam das Freizeichen – einmal, zweimal. Dann klang die Stimme des Professors: »Hallo?«
Der Student atmete auf. »Sie sprechen mit Jan A«, sagte er. »Es ist sehr wichtig, es geht um...«
»Tut mir leid«, fiel ihm der Professor ins Wort, »aber ich habe jetzt keine Zeit. Ich muß eine Prüfung abnehmen. Rufen Sie bitte ein andermal an! Auf Wiedersehen.« *Klick.* Die Verbindung wurde unterbrochen.
Er hat nicht mal zugehört! dachte der Student beunruhigt. Er warf eine Mark in den Schlitz, wählte erneut die Nummer und dachte: Er hat zum Glück noch nicht angefangen. Sobald der Professor sich meldete, sagte er: »*Jan A!* Hier ist Jan A.«
»Wie bitte?« fragte der Professor.
»Sie sprechen mit Jan A., Geschichtsstudent, sechstes Semester.«
»Unsinn!« sagte der Professor ziemlich laut und böse. »Das kann...«
»Psst, Moment bitte!« rief der Student beschwörend und sprach dann schnell weiter: »Das ist mir ernst, Herr Professor, todernst. Sie haben sich einen jungen Mann ins Haus geholt, der sich für *mich* ausgibt.«
»Purer Unsinn!«, sagte der Professor und legte auf.
Er glaubt mir nicht! dachte der Student. Er kramte in seinen Taschen, fand noch etwas Kleingeld und versuchte von neuem, Kontakt aufzunehmen.
Das Freizeichen ertönte – noch einmal und noch einmal. Dann noch einmal. – Ob ich wohl die richtige Nummer ge-

wählt habe? Unvermutet wurde dann doch noch geantwortet. »Ja?« klang es ungeduldig.
»Hier ist Jan A«, sagte der Student. »Hier spricht wieder Jan A. Bitte, Herr Professor, hören Sie mir doch zu. Sind Sie allein?«
»Nein«, sagte der Professor.
»Der Student, der bei Ihnen ist, der bin ich – ich meine, er reißt sich *mein* Examen unter den Nagel, und das darf er nicht. Er tut als ob... als ob er ich wäre. Er hat überhaupt keine Ahnung! Kann ich Sie unter vier Augen sprechen? Können Sie ihn nicht wegschicken?«
»Hören Sie, ich verstehe nicht...« sagte der Professor ärgerlich.
»Still!« unterbrach ihn der Student. »Ich... ich möchte, daß dies unter uns bleibt. Der arme Kerl kann schließlich auch nichts dafür, daß er mir gleicht. Ich bitte Sie... an unserer Fakultät soll es doch keinen Skandal geben. Bitte, Herr Professor, hören Sie mir doch zu!«
Es blieb eine längere Weile still.
»Gut, ich gebe Ihnen *eine* Minute Zeit«, sagte der Professor. »Jetzt muß mein Student – der Herr Jan A, verstehen Sie mich? – schon wieder warten. Ich habe die Verabredung mit ihm sowieso schon verschieben müssen.«
»Von vier Uhr auf fünf Uhr; Examen zwischen fünf und halb sechs!«
»Woher wissen Sie das?« fragte der Professor erstaunt.
Der Student atmete erleichtert auf. Endlich hörte man ihm zu. »Sie haben mich deswegen heute vormittag persönlich angerufen«, sagte er. »Ich bin Jan A!«
»Ausgeschlossen«, entgegnete der Professor in knappem Ton. »Ich kenne ihn seit gut einem Jahr, und in diesem Moment...«

»Sitzt er Ihnen gegenüber!« Der Student fuhr schnell fort: »Das glauben Sie zumindest! Aber es stimmt nicht. Sehen Sie denn nicht, Herr Professor, wie nervös er ist?«
Plötzlich konnte er sich selbst, vor seinem geistigen Auge, ganz deutlich da sitzen sehen... O je, wie habe ich mich da blamiert! dachte er. So programmiert man es ja geradezu, durchzufallen. Ich... er... dieser Blödmann muß verschwinden!
Währenddessen fuhr er fort: »Er versucht, seine schwitzenden Hände mit einem zerknüllten Taschentuch abzutrocknen. Er schaut auf seine Armbanduhr...«
»Das ist verständlich«, sagte der Professor sarkastisch. »Sie verplempern *seine* kostbare Zeit!«
»Zeit?« sagte der Student lebhaft. »*Ich* verplempere überhaupt nichts, das tut *er*! Seine Uhr geht übrigens fast einen ganzen Tag nach, wenn er auch mit bibbernden Fingern daran herumbrasselt. Er hat Angst, daß er durchfällt. Kein Wunder! Er weiß nicht, was ich weiß. Er weiß nicht mal, wie spät es ist. Für *ihn*... ungefähr halb zehn.«
»Jetzt reicht's aber«, sagte der Professor energisch. »Zur Sache bitte.«
Der Student sprach so ruhig, wie es ihm möglich war: »Dieser junge Mann ist nicht Jan A. Der bin ich, er ist... eh... mein Doppelgänger. Schicken Sie ihn weg, Herr Professor, jetzt sofort, bevor es zu spät ist. Ich komme gleich – in fünf Minuten bin ich bei Ihnen...«
Dann waren die Minuten abgelaufen; seine Sprechzeit war zu Ende. Nur noch das Freizeichen war zu hören... »O je! Moment mal, verdammte Scheiße – Entschuldigung!«
Der Student hing den Hörer an den Haken. – Eine Mark? Keine Mark. Fünfzig Pfennig? Fünfzig Pfennig.
Er suchte endlos lang, bis er zwischen seinem Kleingeld die

letzten Fünfzig-Pfennig-Stücke gefunden hatte; er ließ sie fallen, hob sie wieder auf und wählte zum vierten Mal dieselbe Nummer.
»Hallo?« sagte der Professor; es klang weit weg.
»Hier bin *ich* wieder, Herr Professor; Sie sprechen mit Jan A, Examen heute zwischen fünf und halb sechs, Thema meines letzten Skriptums: Asylrecht. Schicken Sie diesen Betrüger weg. Sagen Sie ihm, daß Sie ihm Aufschub gewähren bis...«
»Aufschub?« sagte der Professor gedehnt.
»Ich bin im Handumdrehen bei Ihnen, ich werde Ihnen alles erklären. Er – der andere, dieser Dummkopf – weiß nichts.«
»Nichts?« wiederholte der Professor. »Solch ein unsinniges Gespräch habe ich noch nie in meinem Leben geführt. Einen Augenblick bitte...« Der Student lauschte angestrengt; er hörte jedoch nur unverständliches Gemurmel. – »Hier bin ich wieder«, sagte der Professor hörbar.
»Ich bitte Sie«, sagte der Student flehend, »vergeuden Sie

keine Zeit mehr, Herr Professor! *Ich* brauche doch nicht wegen *seiner* Dummheit durchzufallen...« Er beherrschte sich und fügte hinzu: »Er hat seine Uhr auf den Boden fallen lassen.«
Schweigen.
»Ist es wahr oder nicht?« fragte der Student.
»Es stimmt!« Die Antwort klang verwundert.
Ein überraschender Gedanke schoß dem Studenten durch den Kopf: Es ist *doch* nicht wahr? Meine Armbanduhr befindet sich in der Werkstatt des Uhrmachers, um repariert zu werden... Gleichzeitig sagte er: »Also müssen Sie ihn wegschicken!«
»Ich muß überhaupt nichts«, sagte der Professor. »Erklären Sie mir das bitte genauer. Und zwar schnell!«
»Gerne, Herr Professor, nichts lieber als das. Aber das kann ich nur, wenn *er* weg ist. Er weiß nicht, was ich weiß!«
»Das haben Sie mir schon mal erzählt«, sagte der Professor irritiert. »*Was* wissen Sie denn?«
Der Student öffnete den Mund, um zu antworten – und begriff plötzlich, *wer* der wirkliche Dummkopf war. Durch

das ständige Telefonieren hatte er sein alter ego zusätzlich nervös gemacht und restlos durcheinander gebracht... und was noch dümmer war: er hatte den Professor verärgert und sein Mißtrauen geweckt... Wie lautete auch wieder dessen Frage? »*Was* wissen Sie denn?«

»Verdammt nochmal«, antwortete der Student. »Erst jetzt weiß ich es!« Er hing abrupt den Hörer auf. Dann fluchte er noch einmal und faßte sich an den Kopf. In Gedanken sah er oder besser *erinnerte* er sich – was geschehen würde: die Verblüffung und Wut des Professors – *Hörer neben dem Apparat* –, dessen Argwohn danach: – *Ihren Namen und Ihr Geburtsdatum bitte... Können Sie sich ausweisen?... Haben Sie Feinde, Herr A?... Auch nicht einen bestimmten Feind?*

Durch sein Telefongespräch mit dem Professor hatte er sich selbst jede Chance verbaut, das Examen zu bestehen – egal, um wen von beiden es sich handelte. Kein Wunder, daß er durchgefallen war – daß er gleich erneut durchfallen würde. Er verließ die Telefonzelle, stieg auf sein Fahrrad und fuhr nach Hause, ganz langsam, auf einem Umweg. Er scheute sich ein wenig davor, dem Uhrmacher zu begegnen.

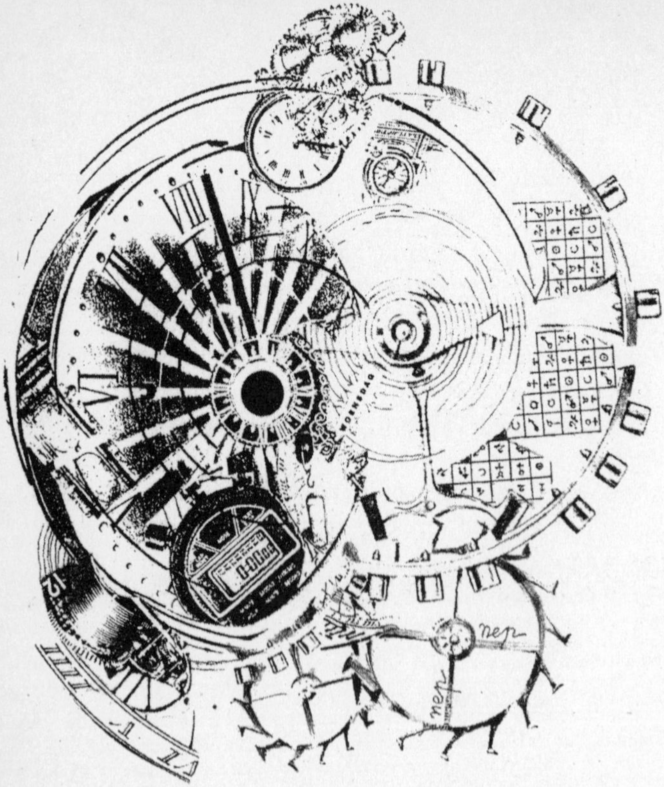

Neun

Als der Student durch die Hintertür das Haus betreten hatte und von der Küche aus in den Flur kam, stand dort der Uhrmacher. Der sah ihn mit durchdringendem Blick an und fragte: »Wo kommst du um diese ungewöhnliche Zeit her?« Ein eigenartiges Gefühl überflog den Studenten: Dies habe ich doch schon einmal erlebt! Der Gedanke verflüchtigte sich sofort wieder, ebenso wie der folgende: Nein, das stimmt nicht, das kann nicht sein...
»Die Tür zu meiner Erfindung«, sagte der Uhrmacher mit Nachdruck, »steht weit offen.« Er räusperte sich. »Zusätzlich könnte ich noch berichten, daß meine Zeituhr gestern abend verschwunden ist, und daß sie sich um Viertel vor fünf – sechzehn Uhr fünfundvierzig – hier in meiner Werkstatt wieder materialisierte, und zwar am heutigen Mittwoch, vor einer knappen Stunde.«
»Das weiß ich«, sagte der Student, der ohne ersichtlichen Grund plötzlich von einer unbestimmten Furcht ergriffen wurde. »Nur ist das jetzt nicht mehr wahr; das war gestern, ich meine heute... letztes Mal.«
»Psst!« sagte der Uhrmacher. »Bist du wirklich komplett von *diesem* Mittwoch? Letzte Nacht hier geschlafen, heute vormittag in deinem Zimmer studiert...«
»Ja, studiert, das stimmt. Alles für die Katz'!«
»Und du bist also nie und nimmer auf Zeitreise gewesen... Warte mal! Vielleicht kannst du am besten jetzt sofort...«

Der Student beachtete die letzten Worte nicht mehr. »Ich bin der einzige Jan A«, sagte er, während er die Werkstatt betrat. »Nie auf Zeitreise gewesen, wie Sie sagen! Jedenfalls wenn es gutgegangen wäre.« Er blieb vor der offenen Zeituhr stehen. »Sie hat sich also um Viertel vor fünf hier materialisiert?«
»Ich war um Viertel vor fünf noch nicht zu Hause. Das ist also eine meiner Nepperinnerungen«, antwortete der Uhrmacher.
»Im übrigen bin *ich* nie anders als in Gedanken auf Zeitreise gegangen.
Meine Uhr verschwand mit dir darin an einem Dienstagabend und kehrte am folgenden Tag, am Mittwochnachmittag, leer zurück. Du selbst kamst später... Du selbst kamst gerade eben an, zu einer unerwarteten Zeit – es sei denn, dein Examen wäre verlegt worden.«
»Mein Examen *ist* verlegt worden, das wissen Sie doch!«
»Dann bist du zu früh zu Hause!«
»Ich werde Ihnen erzählen, warum...«
»Jetzt läßt du mich erst mal ausreden, mein Junge!« Der Uhrmacher machte eine Gebärde, die all seine Uhren umfaßte. »Schau! Es ist jetzt halb sechs durch, und zwar heute, am Mittwoch. Meine Erfindung verschwand und kehrte zurück, und danach kamst du; aber du warst und bist nicht der Student, der eine Zeitreise gemacht hat... Wenn ich mich nicht irre, hast du den ganzen heutigen Mittwoch *erlebt* – du hast dich in dieser Zeit und in diesem Raum bewegt...«
»Ja natürlich, und wie!« sagte der Student.
»Weißt du das auch ganz sicher?«
»Selbstverständlich!«
»Und was ist dann mit deinem Examen?«

»Das versuche ich Ihnen ja gerade zu erklären«, sagte der Student. »Die Tatsache, daß ich schon jetzt wieder hier bin, liegt daran, daß...«

Der Uhrmacher fiel ihm erneut ins Wort: »Zu der heutigen Wirklichkeit, in *dieser* Raum-Zeit-Konstellation, gehören die Fakten, die ich dir jetzt mitteilen werde; hör' also gut zu. Ich bin heute mittag ausgegangen, so wie es mittwochs meine Gewohnheit ist. Meine Zeituhr war ausgeschaltet und verschlossen. Jetzt steht sie offen und auf *stand by*. Das muß ich also wohl selber getan haben, oder? Denn die Uhr ist *nicht* weg gewesen...«

»Die Uhr ist *wohl* weg gewesen«, sagte der Student. »Von gestern abend kurz nach neun bis heute Viertel vor fünf. Aber ich habe mich gestern... pardon: heute... ich bin an dem... Verflixt, wie ist es richtig? Ich habe mich an einem Mittwoch, dem Mittwoch nach jenem Dienstag, an einem *alternativen* Mittwoch... Ich habe mich an dem Mittwochabend, ganz gleich, in welcher Raum-Zeit-Konstellation, erneut in Ihre Zeituhr gewagt und bin zurückgereist in den Dienstag davor; um zwanzig Uhr fünfundfünfzig kam ich gestern Abend hier an. Und zwar, um die erste Zeitreise *ungeschehen* zu machen! *Nur ist das leider nicht geglückt.* Mein alter ego, dieser blöde Zeitreisende vom Vortag, ist momentan damit beschäftigt, *mein* Examen abzulegen!«

»Das hast du mir in einer meiner Erinnerungen, an solch einem alternativen Mittwoch, auch erzählt«, flüsterte der Uhrmacher. »Jedenfalls so was ähnliches. Da vermutete ich... Ziemlich verwirrend, das Ganze. Vielleicht habe ich es geträumt. Du sagtest mir doch, daß dein alter ego...«

»...in *meinem* Examen sitzt! Jedenfalls, wenn er nicht schon durchgefallen ist«, sagte der Student. »Was machen Sie für ein ängstliches Gesicht!«

»Kein ängstliches, ein nachdenkliches«, sagte der Uhrmacher. »Früh zu Hause, das kann auch beinah zu spät sein. In diesem Fall zum Glück noch rechtzeitig. Es ist mittlerweile ungefähr Viertel vor sechs. Würdest du nun bitte...«
Der Student hörte nicht zu. »Je mehr ich darüber nachdenke«, sagte er, »desto unverständlicher wird es mir. Ich habe das Gefühl, daß ich mich an etwas *mehr* erinnern müßte, aber an was nur..., an was?« Er strich sich über die Stirn und zerwühlte sein Haar. »Das einzige, was ich mit Sicherheit zu wissen glaube, ist, daß *ich* – ich, der ich hier stehe – eigentlich dem Professor gegenüber hätte sitzen sollen. Mit einer durchaus guten Chance, das Examen zu bestehen, wenn nicht... Ich bin übrigens durchgefallen.«
»Durchgefallen«, wiederholte der Uhrmacher.
»Ich falle durch. Ich bin durchgefallen. Ich werde durchfallen. Wissen Sie, *wer* derjenige ist, der alles durcheinander gebracht hat, als ich jenes andere Mal im Examen saß – genauso, wie mein alter ego es jetzt wieder tut oder getan hat? Wissen Sie, wer *sein* Examen verdorben hat? Das habe *ich* getan, ich, der hier neben Ihnen steht. Ich!«
»Du?!« sagte der Uhrmacher. Er seufzte tief auf. »Dann denk gefälligst mal an dein alter ego. Der wird gleich nach Hause kommen. Und zwar nicht durch die Hintertür, auch nicht aus meiner Uhr, sondern durch die Haustür. Daran kannst du dich doch sicher noch erinnern!«
»O ja, ja natürlich«, sagte der Student. »Gleich kommt er nach Hause, noch niedergeschlagener als ich es jetzt bin – und gegen Viertel vor sieben steigt er wieder in Ihre Zeitmaschine und reist zurück in seine Vergangenheit, nach gestern abend, kurz bevor es neun Uhr schlägt. Und dann? Fängt dann alles wieder von vorne an?«
»Hör auf! Stopp!« rief der Uhrmacher. »Meine Erfindung

ist zur Unzeit und vorzeitig benutzt worden. Dadurch habe ich Erinnerungen zu verarbeiten, von denen ich einigen nicht traue. Und du, du...«
»Ich erinnere mich nur allzugut an das Examen meines alten egos«, sagte der Student. »Der arme Teufel! Wenn ich es heute nachmittag *selber* hätte machen können, dann...«
»Jetzt halt bitte endlich mal deinen Mund«, sagte der Uhrmacher. »Dein anderes Ich hat es getan und damit basta. Ich könnte seit kurzem durchaus in dieselbe Lage kommen, ein alter ego zu haben, das nicht weiß, daß *dein* alter ego jeden Moment nach Hause kommt. Ich persönlich glaube es allerdings zu wissen.«
»Wieso?« fragte der Student. Er nahm einen Stuhl und setzte sich. Er war drauf und dran, seine Fassung zu verlieren.
»Steh auf!« befahl ihm der Uhrmacher. »Du glaubst zu wissen, daß du heute nachmittag ein Examen hättest ablegen müssen. Und *ich* glaube zu wissen, daß dein alter ego dieses Examen nicht bestanden hat und daß er in Kürze hier sein wird. Mach also, daß du wegkommst – raus aus meiner Werkstatt! Bevor du hier ein zweites Mal erscheinst! Und zwar mit deinem Anorak an.«
»O je, ja, das ist wahr«, erschrak der Student, während er aufstand.
»Los, hau ab! Nach oben, in dein Zimmer«, sagte der Uhrmacher. »Ihr dürft einander nicht sehen! Das ist einfach unmöglich; es wäre *paradox*.« Er hob eine Hand empor. »Beeil dich doch«, sagte er ungeduldig. »Du bist doppelt durchgefallen. Mach es nicht noch schlimmer, als es sowieso schon ist.«
Der Student ging zur Tür, blieb jedoch in der Öffnung stehen; er wandte sich wieder dem Uhrmacher zu und sagte

langsam: »Doppelt durchgefallen. Sie wußten also schon vorher, wie es heute ablaufen würde!«
»Der heutige Tag ist noch nicht vorbei«, sagte der Uhrmacher. »Außerdem wäre noch zu überlegen, was wir unter, ›heute‹ zu verstehen haben. Du hast mir neulich alles über deine unglückselige Begegnung mit dem Professor erzählt. Und in ein paar Minuten wirst du nach Hause kommen und es mir noch einmal erzählen, und dann werde ich dich in den Dienstag zurückreisen lassen.« Er sprach immer schneller. »Sag' nichts! Ich habe mir schon den ganzen Tag den Kopf deswegen zerbrochen, während du naiver Dummkopf geglaubt hast, du hättest dich noch besser auf dein Examen vorbereiten können... *Asylon*... *Escapist*!«
Er kam näher, machte die Tür weiter auf und schob den Studenten in den Hausflur. Er fragte: »Was passierte heute nachmittag, als du zum Haus des Professors kamst?«
»Ich sah mich selbst mit ihm hineingehen.«
»Sah sich selbst!« stöhnte der Uhrmacher.
Der Student unterdrückte ein Schaudern. »Nur meinen Rücken«, sagte er beruhigend. »Die Tür schlug sofort hinter uns zu.«
»Und dann bist du Idiot zur Telefonzelle gegangen und hast den Professor angerufen!«
»Wieso wissen, wieso *wußten* Sie das?«
»Du hast es mir doch selbst erzählt! Der Typ, der während deines Examens immer wieder den Professor belästigte – dieser Unruhestifter, Verdächtiger, Panikmacher, Störenfried –, der konntest doch nur *du* sein? Wer denn sonst?«
»Aber warum haben Sie mir das denn verschwiegen?« fragte der Student im Flüsterton. »Warum haben Sie mich heute morgen nicht gewarnt?«
»Wenn du dein Gehirn ein bißchen angestrengt hättest,

wärst du selbst darauf gekommen – du hättest darauf kommen *müssen*. Ich hoffte selbstverständlich, daß es nicht von neuem passieren würde«, sagte der Uhrmacher, indem er sich gleichzeitig beschuldigte und entschuldigte. »Wirklich, ich hoffte von ganzem Herzen«, fuhr er hastig fort, »daß deine Dienstagspersönlichkeit endgültig in die Zeit verbannt wäre, in die sie gehörte, und daß sie heute nicht wiederum auftauchen würde. Es schien mir am besten, die Dinge soweit als möglich ihren natürlichen Lauf nehmen zu lassen und nicht einzugreifen. Als ich jedoch um fünf Uhr nach Hause kam, stand die Uhr offen und auf ›stand by‹. Leer. Vielleicht hätte ich die Werkstatt abschließen müssen, bevor ich wegging. Dann hätte dein anderes Ich dieses Haus nicht verlassen können... Nun ja, es hat keinen Sinn, weiter darüber nachzugrübeln.«

Er zeigte auf die Treppe. »Der Lauf der Zeit – vor allem *dei-*

ner Zeit – ist während dieser beiden Tage schon genug durcheinandergebracht worden! Verschiedene Zeitabläufe. Alter egos. Es sieht so aus, als könne auch eine Reise in die Zukunft die Gegenwart erschüttern... Los, in dein Zimmer! Daß du durchgefallen bist – und wie du meinst, sogar *mehr* als einmal –, ist dein verdienter Lohn. Sorry, mein Junge, ein bißchen ist es auch meine Schuld; darüber müssen wir nochmal reden. Jetzt aber schleunigst: weg mit dir! Ich will nicht, daß du dir jetzt gleich persönlich gegenüberstehst.«
Der Uhrmacher drehte sich um und ging zur Haustür.
Der Student blieb regungslos stehen, dann ging er auf die Treppe zu und stieg sie so schnell und so leise empor, wie es ihm möglich war. Er schlich über den Flur, verschwand wie der Blitz in seinem Zimmer und machte lautlos die Tür hinter sich zu.
So muß ich es schon einmal gemacht haben, dachte er. Weshalb erinnere ich mich nicht daran? Weil ich da – obwohl es Mittwoch war – noch immer zum Dienstag gehörte und nicht in meine Zukunft sehen konnte?
Er warf einen flüchtigen Blick auf die Studienbücher, die auf seinem Schreibtisch lagen und die nun unwichtig zu sein schienen; dann setzte er sich vorsichtig aufs Bett und verhielt sich mäuschenstill.
Unten hörte er Geräusche, auch Stimmen – unverständlich für ihn. Danach, sehr deutlich, das Zuschlagen einer Tür.
Fast sechs Uhr auf seinem Wecker; sein alter ego mußte jetzt in der Werkstatt sein.
Plötzlich bekam er Mitleid mit seinem anderen Ich. »Ich hab' dir alles verdorben, nicht wahr?« sagte er ihm in Gedanken. »Na ja, du mir ja auch, wir sind also *quitt*. Und du, der gleich zurückreist, bleib bei dem Dienstag! Gib den Mittwoch *mir*; ich bin nicht von gestern. Und ich gehe

gleich in das ich-mir-du-uns von morgen über. Jeder zu seiner Zeit!«
Unter ihm in der Werkstatt begannen die Uhren zu schlagen. Er konnte sie deutlich hören, er zählte mit bis sechs. Achtzehn Uhr, Mittwoch-nachmittag. »In weiteren sechs Stunden«, sagte er leise vor sich hin, »ist es Mitternacht. Null Uhr null. Donnerstag. Dann wird mein alter ego hoffentlich dazu verdonnert, endgültig aus meinem Leben zu verschwinden!«

13 DIENSTAG
14 MITTWOCH
Bleibe beim Dienstag
Ich bin vom Mittwoch!
Um 0 Uhr 0 wird aus Mittwoch → Donnerstag
Jeder zu seiner Zeit!
15 DONNERSTAG
und dann ist hoffentlich Schluß!!

Nachspiel

In der Bibliothek auf der anderen Seite der Tür

»Ist dein alter ego endgültig verschwunden?« fragte Christian.
»Bestimmt nicht, ich weiß Bescheid... Ich hab' dich übrigens doch gesehen, Jan A! Warum hast du dein Abenteuer nicht selber vorgelesen?«
Der Bibliothekar sagte: »Ich habe ihn darum gebeten, Christian, aber er hat sich geweigert. Deshalb habe *ich* es getan.« Er tippte mit dem Zeigefinger auf den flachen Stapel beschriebener Blätter und fuhr fort, mehr zu sich selbst als zu den Kindern: »Die Zeit wird es *dich* lehren... *dich* lehren... Hätte er seine Geschichte nicht besser ›Die Zeit wird es *mich* lehren‹ nennen können?«
»O nein!« meldete sich Jan A zu Wort. Er beugte sich über die Lehne des großen Ledersessels (Christian hatte ihn ja sowieso schon entdeckt) und fügte hinzu: »Ich habe es nicht in der ersten Person geschrieben.«
»In der *ersten Person*? Was meinst du damit?« fragte Christian.
»Eine Ich-Erzählung«, sagte Klärchen. »Das war es nämlich nicht; die Geschichte handelt von *ihm*... dem Studenten.«
»Und ist infolgedessen in der *dritten Person* geschrieben«, ergänzte Jan A.
»Stimmt nicht, die dritte Person war der Professor«, sagte Christian, »denn der kam zuletzt vor. Die zweite Person war der Uhrmacher. Und die erste Person bist du, Jan A! Aber in

der anderen Geschichte war der Uhrmacher die erste Person...«
»Hör auf mit deinen ersten und zweiten und dritten Personen«, sagte der Bibliothekar. »Das erinnert mich an allzu viele alter egos.«
»Allzu viele? Für Sie?! Das glaube ich nicht«, sagte Jan A, während er aufstand und zum Tisch hinüberschlenderte. »Was Sie persönlich betrifft, würde ich ganz im Gegenteil denken: Je mehr, desto besser! Alter egos, Doppelgänger, Duplikate, Replikate, Spiegelbilder, und so weiter und so weiter. Sozusagen beiderseits der Tür. Warum einfach, wenn es auch zweifach geht?«
Der Bibliothekar gab hierauf keine Antwort.
Christian grinste. »Dieser Student war wirklich doppelt dumm!«
»Vielen Dank, mein Junge!« sagte Jan A. »Schade, daß der Uhrmacher nicht hier ist.« Er warf einen forschenden Blick auf den Bibliothekar. »Was würde *er* wohl zu meiner Geschichte gesagt haben?«
»Daß sie super erlogen ist«, sagte Christian. »Der Student hat sie sich von A bis Z ausgedacht.«
»Bis Z einschließlich«, verbesserte der Bibliothekar. »Zumindest dann, wenn alles nur Phantasie ist.«
Klärchen stellte sich dicht neben Jan A und sagte: »Das ist keine ausgedachte Geschichte; ich glaube, daß sie wahr ist.« Sie blickte fragend zu ihm auf. »Sie waren doch wirklich dieser Student, oder? Sind Sie... Hat der Student später noch das Examen bestanden?«
»In der Geschichte des Uhrmachers steht nichts von bestanden oder nicht bestanden«, sagte der Bibliothekar. »Das spielt auch keine große Rolle.«
»Da muß ich widersprechen«, begann Jan A ziemlich heftig,

»es war... Ach, Sie haben eigentlich recht«, fuhr er in ruhigerem Ton fort, »das war *damals*. Es spielt keine Rolle mehr, jetzt nicht mehr... oder vielleicht doch. Nur anders, als ich zuerst geglaubt habe. Aber das ist ein neues Kapitel.«
Klärchen sagte: »Ich will trotzdem wissen, wie es weitergegangen ist.«
»Und ich möchte gerne wissen, wie es dem *Uhrmacher* weiter ergangen ist«, sagte Jan A zum Bibliothekar.
»Wie Sie wissen, haben wir einander aus den Augen verloren. Sie kennen ihn gut. Sehen Sie ihn noch öfter? Dann sind Sie sicher so nett und bestellen ihm von mir, daß ich noch immer auf meine alte Armbanduhr warte, die er reparieren wollte. Eine solide Analoguhr, die ich von meiner Mutter geschenkt bekam, als ich achtzehn wurde. Mit Zeigern.«
»So 'ne Frechheit«, sagte Christian. »Was willst du denn damit bloß anfangen?«

Klärchen trat einen Schritt zurück und legte den Zeigefinger auf ihre Lippen.
»Nehmt es mir nicht übel, Kinder!« Jan A zeigte seine beiden Handgelenke. »Seht nur, Haut und Knochen! Überhaupt keine Armbanduhr mehr. Natürlich habe ich mir vor gut einem Jahr eine neue angeschafft: so eine moderne Quarzuhr, LCD, digital. Aber die ist mir vor kurzem gestohlen worden.«
Eine unangenehme Stille machte sich breit, die er selbst unterbrechen mußte:
»Meiner Meinung nach ist jetzt der Uhrmacher an der Reihe. Soll *er* doch die Geschichte fortsetzen!«
»Fortsetzen? Ja, möglicherweise«, sagte der Bibliothekar. »Ich könnte ihn jedenfalls darum bitten...«
»*Haben* Sie nicht schon eine Fortsetzung, hier, in Ihrer so außerordentlichen Bibliothek?«
»Das ist möglich, vielleicht, wer weiß«, lautete die vage Antwort des Bibliothekars. »Aber danach werde ich nicht suchen; das ist Arbeit für den Archivar.« Er nahm eine Mappe und begann, Jan A's Papiere hineinzulegen. »Außerdem müssen wir warten, bis der Junge Otto wieder dabei sein kann. Er hat, beziehungsweise hatte, ein Buch, welches...«
»Wo ist Otto denn?« fragte Klärchen.
»Auf *seiner* Seite der Tür«, antwortete Christian. »Er kommt bestimmt schnell wieder zurück. Und wenn er kommt, werde ich ihm deine Geschichte zu lesen geben, Jan A. Darüber wirst du mit Sicherheit eine Menge zu hören bekommen! Aber jetzt mußt du uns erzählen, was am Donnerstag passierte.«
»Was stellst du dir eigentlich vor?« sagte der ehemalige Student. »Der Bibliothekar hat dankenswerterweise die Ge-

schichte vorgelesen – wer aber hat alles aufgeschrieben und getippt? Ich! Seitenweise, und zwar nicht für mich selbst, sondern zu eurem Vergnügen. Ich erzähle vorläufig keine Geschichten mehr, selbst dir nicht, Christian Donnerstein. Leih dir lieber ein Buch aus der Bibliothek!«
»Ein andermal«, sagte der Bibliothekar. Er hatte inzwischen die Mappe zugeklappt und die Bänder zu Schleifen gebunden. »Die Ausleihzeit ist vorüber.« Er stand auf. »Es wird langsam Zeit, daß ich Feierabend mache.«
»Wie spät ist es denn?« fragte Jan A.
Der Bibliothekar lächelte. »Es ist noch nicht spät.«
»*Wie* spät denn?« fragte Jan A laut.
Der Bibliothekar stand jetzt zwischen den beiden Kindern, seine Hände ruhten auf ihren Schultern. Er sagte: »*Das* mußt du den Uhrmacher fragen.«
Wieder wurde es still in der Bibliothek. Das Ticken der zeigerlosen Uhr wurde immer deutlicher hörbar.

Holländische Standuhr im Wurzelfurniergehäuse, um 1700. Die Zeiger wurden im 20. Jahrhundert entfernt. (Mit freundlicher Genehmigung von A. van Oirschot, Bibliothekar der Januarischen Botschaft.)